Klaus Bischops/Heinz-Willi Gerards

# Handbuch für Kinder- und Jugendfußball



Meyer & Meyer Verlag

Die Deutsche Bibliothek – CIP-Einheitsaufnahme

**Bischops, Klaus:**
Handbuch für Kinder- und Jugendfußball / Klaus Bischops ;
Heinz-Willi Gerards. – 2., unveränd. Aufl.
– Aachen : Meyer und Meyer, 1994
ISBN 3-89124-120-8
NE: Gerards, Heinz-Willi:


2., unveränderte Auflage 1994
Umschlaggestaltung: Walter Neumann, N&N Design, Aachen
Foto Titelseite: Bongarts, Hamburg
Fotos Innenteil außer Seite 140: Horst Müller, Düsseldorf
Zeichnungen: Susanne Dalley, Aachen
Satz: Times Roman, Typeart Hambüchen & Seibert GbR, Grevenbroich
Druck: Druckerei Queck, Jüchen
Printed in Germany
ISBN 3-89124-120-8

# Inhaltsverzeichnis

Handbuch für
Kinder- und Jugendfußball

# 1 Grußwort des Bundestrainers Berti Vogts zum „Handbuch für Kinder- und Jugendfußball“

Liebe Sportfreunde,

die Förderung sportlich guter Leistungen, die Erfüllung erzieherischer Funktionen, die Vermittlung von Gemeinschaftssinn und Lebensfreude – dies sind alles Anforderungen, die an den Jugendtrainer oder -betreuer gestellt werden.

Die DJK zeigt mit der Herausgabe des vorliegenden Handbuches, daß die Forderungen nicht nur theoretisch aufgestellt, sondern auch in die Praxis umgesetzt werden sollten. Der Inhalt dieses Buches wird ein Leitfaden für die tägliche Arbeit mit Kindern und Jugendlichen sein.

Jeder, der im Bereich der Jugendarbeit tätig ist, trägt ein Stück Verantwortung für die Zukunft. Vom Engagement der Vereine und von der Qualifikation eines jeden wird es abhängen, ob der Fußball im Juniorenbereich wieder Zuwachsraten verzeichnen kann.

Ich selbst habe viele Jahre mit Kindern und Jugendlichen trainiert und weiß um die Verantwortung und den pädagogischen Einsatz, den die Jugendarbeit erfordert, aber auch um die Freude, die man immer wieder erfährt. „Fußball macht Freude“ – dies darf nicht nur das Motto eines Fußball-Nachwuchswettbewerbes sein, den der Deutsche Fußball-Bund ins Leben gerufen hat, sondern muß auch das Motto sein, unter dem Ihr Engagement im Juniorenfußball steht.

Wenn es den qualifizierten Trainern und Betreuern gelingt, diese Freude im Bereich zwischen Spiel und Wettbewerb zu vermitteln, sehe ich mit Zuversicht in die Zukunft des Junioren-Fußballs.

Berti Vogts
– Bundestrainer –

# 2 Einführung

Die Arbeit im Sport mit Kindern und Jugendlichen gehört zu den wichtigsten Herausforderungen eines jeden Vereins. Daher muß ein Training in diesen Altersgruppen die Entwicklung der Sportlerinnen und Sportler berücksichtigen. Um ein solches Ziel realisieren zu können, bedarf es vor allem geschulter Trainer, Übungsleiter und Betreuer in den Jugendabteilungen der Sportvereine.

Die Heranführung an das Fußballspiel und die weitere Ausbildung sollten daher ein qualitaves Höchstmaß erreichen. So wollen wir in diesem Buch versuchen, allen Mitarbeitern in der Kinder- und Jugendtrainingsarbeit Hilfe und Unterstützung zu geben. Fundierte Anregungen und Informationen sind hier in eine knappe und verständliche Form gebracht. Sie müssen jedoch jeweils der Situation vor Ort angepaßt werden.

Unser Buch mit seinen mehr als 100 Trainingseinheiten wendet sich an den Praktiker vor Ort, der sich nach getaner Arbeit seinem Hobby als „Fußballvermittler" zuwendet. Von den Minis bis zu den A-Junioren finden sich in jeder Einheit Hinweise zur Aufwärmphase, zum Arbeitsschwerpunkt und zum spielerischen Ausklang.

Die Einführung vermittelt Trainern, Übungsleitern und Lehrern Informationen zum Stellenwert des Kinder- und Jugendtrainings. Ein Anhang bringt interessante Hinweise zu Fragen der Organisation und zum Erleben von Gemeinschaft und Geselligkeit.

Das Buch ist erwachsen aus der täglichen Praxis einer großen Jugendabteilung in einem Fußballverein. Daher ist es für Mitarbeiter in der Jugendarbeit direkt einsetzbar. Jede Trainingseinheit beginnt mit der Zielstellung, beinhaltet die sportlichen Aktivitäten und wird ergänzt durch Tips für den Trainer.

Wir, die beiden Autoren, wünschen den Verantwortlichen in der Fußballjugend erfolgreiches und freudvolles Arbeiten.

Heinz-Willi Gerards
Klaus Bischops

# 3 Kinder- und Jugendtraining im Fußball

## Der Stellenwert des Jugendtrainings

Das Training mit Kindern und Jugendlichen wird von bestimmten Akzenten bestimmt. Es ist auf jeden Fall kein im Umfang und Intensität reduziertes Seniorentraining. Kinder und Jugendliche müssen entsprechend ihrer jeweiligen Entwicklung trainiert werden. Hierzu lassen sich folgende Aussagen aufstellen:

- Das Training mit Kindern ist vorwiegend darauf ausgerichtet, Freude und Lust am Fußballspielen zu erhalten und zu verstärken.
- Bei Jugendlichen verfolgt jedes Training zwar auch die Verbesserung der spielerischen Möglichkeiten (Technik, Spielverständnis, Risikobereitschaft usw.), darüber hinaus muß dennoch die individuelle Freude am Spiel durch beständige Trainingsvarianten erhalten bleiben.
- Ein kind- und jugendgerechtes Training setzt voraus, daß der Trainer die Entwicklungsphasen junger Menschen kennt und daraus die notwendigen Konsequenzen zieht (Entwicklungspsychologie).
- Kinder lernen vornehmlich durch „Vor- und Nachmachen" (Imitationslernen). Daher sollte ein Jugendtrainer zur Demonstration technischer und spielerischer Abläufe befähigt sein.
- Um seine Trainingsziele möglichst effektiv umsetzen zu können, benötigt ein Jugendtrainer eine gewisse Vermittlungskompetenz (personale Sachautorität).
- Zusammenarbeit mit Kindern und Jugendlichen - und das gilt auch für den Sachbereich Fußball - beinhaltet immer erzieherische Funktionen. In dieser „Erzieherrolle" gewinnt der Trainer automatisch eine Vorbildrolle. Dies ist bei allen Entscheidungen und Handlungen zu beachten.
- Erziehungsziele im Sinne des Spiels könnten sein: Selbständigkeit, Verantwortungsgefühl, Erlernen von Umgangsformen, Akzeptieren von Entscheidungen, Teamgeist, sich einordnen können, Kritikverständnis, Fairneß usw.
- Die Schaffung einer offenen und heiteren Atmosphäre im Training ist eine positive Voraussetzung für motivierende Übungsstunden, aber auch für Engagement und Eifer bei den Kindern und Jugendlichen.
- Lob und Ermutigung sind in Training und Spiel die besten Animatoren hinsichtlich der Zielstellung. Negativäußerungen und das Herausstellen von Fehlern wirken bei Kindern unverständlich und minimieren die Spielfreude bei Jugendlichen.
- Kritische Bemerkungen sollten daher immer im Zweiergespräch in möglichst positiver Sachlichkeit verarbeitet werden.

## Zur Entwicklung bei Kindern und Jugendlichen

Kinder sind keine „kleinen Erwachsenen"; deswegen ist ein kind- und jugendgerechtes Training kein reduziertes Erwachsenentraining. Gerade beim Kinder- und Jugendtraining gilt es, die spezifischen Eigenschaften und Charakteristika der jeweiligen Entwicklungsstufe zu berücksichtigen. Deswegen ist es eine zentrale Notwendigkeit, die Merkmale der einzelnen Entwicklungsphasen zu kennen und dementsprechend das Training zu dosieren.

Die Entwicklung eines Kindes ist kein lineares Durchlaufen und Heranwachsen. Es gibt vielmehr Phasen, in denen das Wachstum und die Reifung größere Fortschritte machen, und Phasen, in denen die Entwicklung scheinbar stagniert. Die Phasen verlaufen individuell verschieden; das heißt, bei dem einen Kind setzen sie früher, beim anderen später ein. Das ist auch der Grund, weshalb bei Gleichaltrigen manchmal relativ große Unterschiede festzustellen sind. Man spricht daher von einem biologischen und einem kalendarischen Alter. Das biologische Alter orientiert sich an der körperlichen Entwicklung eines Kindes oder Jugendlichen. So kann z. B. ein Achtjähriger in seiner körperlichen Entwicklung den Stand eines Zehnjährigen haben.

Für den Jugendtrainer ist es sehr bedeutsam, den Entwicklungsstand der ihm anvertrauten Kinder/Jugendlichen genau zu kennen, um entwicklungsbedingte Trainingsinhalte anbieten zu können. Gilt es doch, in jeder Entwicklungsphase bestimmte Trainingsreize zu setzen, da die Schützlinge in bestimmten Phasen lernfähiger sind und auf bestimmte Übungsreize intensiver reagieren und sich somit ein lohnender Lernerfolg erzielen läßt.

In seinem Buch „Ausdauertraining“ (bvl, 1988, S. 179) schreibt Fritz Zintl zu diesem Thema:

„Jede Entwicklungsstufe hat ihre biologischen Sonderheiten und Vorzüge hinsichtlich der Trainierbarkeit konditioneller und koordinativer Fähigkeiten. Es ist aus der Altersstufencharakteristik bekannt, daß

- im frühen Schulkindalter (6/7 - 10 Jahre) günstige Voraussetzungen für den Erwerb motorischer Fähigkeiten und zur Verbesserung koordinativer Fähigkeiten gegeben sind,
- im späten Schulkindalter (10 - Eintritt der Pubertät, weibl. 11/12 Jahre, männl. 12/13 Jahre) das beste Lernalter für ein zielgerichtetes Üben sportlicher Grundtechniken vorliegt,
- in der Pubeszenz (weibl. 11/12 - 13/14, männl. 12/13 - 14/15) und in der Adoleszenz (weibl. 13/14 - 17/18, männl. 14/15 - 18/19) wegen des Wachstumsschubs sehr günstig die konditionellen Fähigkeiten zu entwickeln sind.“

Zeitlich sind die verschiedenen Entwicklungsphasen nicht scharf zu trennen, da der Übergang von einer zur anderen fließend und individuell auch altersabhängig ist. Die entwicklungspsychologische Forschung hat eine ganze Reihe von Stufenmodellen hervorgebracht, deren wichtigste Vertreter O. Kroh, Ch. Bühler, W. Zeller, A. Busemann, Piaget, Neumann und Möckelmann unter anderen sind. Wir haben uns für ein dreistufiges Modell entschieden, weil es

- einerseits genügend differenziert erscheint, um den nötigen theoretischen Hintergrund kurz darzustellen, und
- andererseits auch genügend Spielraum für die praktische Umsetzung vorhanden ist.

| Alter/ Entwicklungsstufe | Ausbildungs- intentionen | Trainings- schwerpunkte | DFB-Klassen- einteilung |
|---|---|---|---|
| 5 - 10 Jahre Grundschulalter | Fußballspie- len muß Freu- de machen | vielseitige sportliche Grundausbil- dung, Leicht- athletik, Tur- nen, Ballspie- le, Ballgewöh- nung, Grund- techniken im Fußball | Bambini F- Junioren E-Junioren |
| 10 - 12/13 Jungen 10 - 11/12 Mädchen vorpuberale Phase | | das beste Lern- alter, Technik- training in Spiel- und Übungsformen | D-Junioren |
| 12/13 - 14/15 Jungen 11/12 - 13/14 Mädchen erste puberale Phase | Wir wollen uns beim Fuß- ballspielen verbessern | differenzierte Trainingsange- bote (Längen- wachstum), Festigung der Technik | C-Junioren, eventuell B-Junioren |
| ab 15 Jahre Jungen ab 14 Jahre Mädchen zweite puberale Phase | Wir spielen Leistungs- fußball | Wettkampftrai- ning, Verfeinerung der Technik, Erarbei- ten eines eigenen Stils | B-Junioren A-Junioren |

# Planungshilfen für den Aufbau einer Trainingseinheit

Bevor nachfolgende Trainingseinheiten für die einzelnen Altersklassen präsentiert werden, möchten wir ein mögliches und leicht überschaubares Schema für den Aufbau einer Trainingseinheit vorstellen. Dabei soll nicht verkannt werden, daß sich in der täglichen Praxis immer wieder Änderungen und Verschiebungen ergeben werden.

Nachfolgende Dreiteilung hat sich bewährt:

1. Einstimmen / Aufwärmen
2. Haupt- bzw. Erarbeitungsteil
3. Ausklang

Bei der inhaltlichen Gestaltung dieser drei Einheitsphasen gilt es, bestimmte Leitsätze zu beachten.

## 1. Einstimmen / Aufwärmen

Der Beginn soll stark motivierend sein und die Voraussetzungen für die nachfolgenden Beanspruchungen schaffen. Begonnen werden soll langsam steigernd, schnellkräftigende Übungen vermeidend, um Reizungen und Zerrungen zu vermeiden. Es werden bereits erarbeitete und somit bekannte Übungen, wie z. B. Techniktraining und Selbstbeschäftigung mit dem Ball, eingebaut. In der F- bis D-Jugend erfolgt keine gezielte Dehngymnastik. Bei der C- und D-Jugend sollten die gymnastischen Anforderungen in spielerischer Form gestellt werden. Die Herz-Kreislauf-Belastung wird langsam gesteigert.

## 2. Haupt- bzw. Erarbeitungsteil

Nach dem Aufwärmen erfolgt das Training im technisch/taktischen Bereich. Die Spieler sind aufmerksam und aufnahmebereit, so daß ein Neuerwerb oder Verbesserungen und Verfeinerungen einen guten Fortschritt erhoffen lassen. Das betrifft Übungs- und Spielformen im technisch/taktischen Bereich wie z. B. Stoßarten, Über-/Unterzahlspiel, Kombinationen usw.

Mit nachlassender Konzentration und Aufmerksamkeit wird der weitere Lernzuwachs erschwert. Dann können sich konditionelle Elemente anschließen.

Hierbei sind folgende Merksätze zu beachten:

- Das Techniktraining findet immer vor dem Konditionstraining statt. Es geschieht niemals umgekehrt, da die Spieler nach einem intensiven Konditionstraining für den Neuerwerb nicht mehr aufnahmefähig sind.
- Das Schnelligkeitstraining erfolgt vor dem Training von Schnellkraft und Kraftausdauer.
- Das Training der allgemeinen Ausdauer erfolgt möglichst am Ende.

### 3. Ausklang

Als Abschluß einer Trainingseinheit erfolgt eine Abrundung mit einem Spiel und dem Auslaufen. Der Ausklang in spielerischer Form dient dazu, daß die Spieler die Anwendung der erlernten Techniken erproben können. Je nach Schwerpunktsetzung können im Spiel technische wie taktische Akzente geschaffen werden. Außerdem sollten die Spieler erfahren, daß das Auslaufen nach dem Spiel eine wesentliche Funktion besitzt.

Diese Darstellung dient als Grobraster. Selbstverständlich sind gerade im Hauptteil „Verschiebungen" möglich, die sich z. B. aus den Erkenntnissen der letzten Spiele, aus der Periodisierung über die Saison ergeben können. So kann z. B. bei der Vorbereitungsphase auf eine neue Saison nach dem Aufwärmen der technisch/taktische Bereich entfallen und nur ein konditioneller Schwerpunkt gesetzt werden. Ebenso ist es denkbar, daß es Trainingseinheiten ohne spezielle konditionelle Aspekte gibt, so daß der taktische Bereich z. B. in den Mittelpunkt rückt.

Bei diesen Entscheidungen ist der Trainer gefragt. Er muß entsprechend seinen Intentionen und der Stellung der Einheit im Jahresplan selbst seine Schwerpunkte setzen.

### Trainingszeiten

| Altersgruppe | Gesamtzeit | Einstimmen | Hauptteil | Ausklang |
|---|---|---|---|---|
| Bambini F- und E-Junioren | ca. 60 Minuten | 10/15 | 25/30 | 20/25 |
| D-Junioren | 70/80 Minuten | 15/20 | 25/30 | 25/30 |
| C-Junioren | 80/90 Minuten | 15/20 | 25/30 | 30/35 |
| A- und B-Junioren | 90 Minuten | 20/25 | 30/35 | 35/40 |

## 3.1 Fußballspielen muß Freude machen (5 bis 10 Jahre)

Hier sind Bambinis und Kinder der F- und E-Jugend angesprochen, d. h. Kinder im Alter zwischen 4 und 10 Jahren. Wer Kinder dieser Altersstufe genau beobachtet, wird feststellen, daß sie häufig neue Fertigkeiten auf Anhieb erlernen. Übertragen auf das Sportspiel „Fußball" muß das Übungsangebot dem Entwicklungsstand und der Erwartungshaltung der Kinder entsprechen. Das wiederum heißt: Die Kinder kommen in den Verein, weil sie Fußball spielen wollen. Sie kennen weder taktisches Verhalten, noch wird der Mitspieler in das Zusammenspiel einbezogen. Fußball bedeutet für sie:

DER BALL GEHÖRT IN DAS TOR DES GEGNERS.

Somit muß das Lernen und Üben des Fußballspiels in Formen dargeboten werden, die für die Kinder Fußballspielen ausmachen. In für Kinder überschaubaren Spiel- und Wettkampfsituationen werden die Kleinen mit grundlegenden Techniken vertraut gemacht. Im Laufe der weiteren Entwicklung werden die einzelnen Techniken immer wieder aufgegriffen und verfeinert.

Neben dem Spiel mit dem Fußball steht eine breite Palette weiterer sportlicher Angebote, die dem Spiel- und Bewegungsbedürfnis der Kinder Rechnung tragen.

### Allgemeine Trainingshinweise

Den Kindern wird eine vielseitige sportliche Grundausbildung vermittelt. Dies geschieht durch Lauf- und Tummelspiele mit und ohne Ball, durch Klettern und Hangeln an Tauen und Geräten, durch Staffeln und leichtathletische Disziplinen sowie durch Fangspiele. Hüpf- und Springspiele dienen der Verbesserung der Schnellkraft, und Spiele mit dem eigenen Körpergewicht verbessern die Kraft. Geht es um das Erlernen technischer Elemente wie Ballführen, Ballpassen oder Torschüsse, benötigt jedes Kind einen eigenen Ball. Taktische Elemente spielen in diesem Alter nur eine untergeordnete Rolle. Die Kinder dürfen nicht in taktische Zwangsjacken gesteckt werden. Hier sollen die Kinder in kleinen Spielgruppen das Freilaufen, Manndecken, Tore verhindern und andere taktische Aspekte durch eigenes Erfahren lernen.

Auch konditionelle Elemente spielen kaum eine Rolle, da die meisten Kinder „nicht klein zu bekommen sind", solange ihnen das Spielen Freude bereitet. Obwohl Kinder aerob belastbar sind, bringt Ausdauertraining kaum Effekte. Die Verbesserung der Kondition erfolgt in spielerischer Form und durch Staffeln. In ähnlicher Weise können auch Beweglichkeit, Reaktionsfähigkeit und Schnelligkeit „trainiert" werden.

Wird dann Fußball in der Mannschaft gespielt, so sollte bei den jüngeren Kindern bei jedem Training die Spielposition in der Mannschaft gewechselt werden. Dabei wird sich im Laufe der Zeit herausstellen, auf welcher Position ein Kind am liebsten spielt.

**Die Rolle des Trainers**

In jeder Altersstufe muß der Trainer in seiner Arbeit mit den Kindern einiges beachten:

- Ein Kind in diesem Alter lernt durch „Abgucken“. Demonstrieren der Abläufe durch Vor- oder Mitmachen ist zur Schaffung der Bewegungsabläufe unumgänglich und sehr effizient.
- Die Kinder wollen keine großen theoretischen Abhandlungen hören, sie wollen spielen und selber erproben.
- Korrekturen von Fehlern sollten selten sein und immer eine für das Kind spürbare positive Tendenz beinhalten.
- Kritik oder gar Schimpfen sind negative Motivatoren. Das Kind wird sie nicht verstehen, weil es glaubt, sein Möglichstes geleistet zu haben.
- Kinder brauchen Lob. Außerdem begeistert sie ein interessantes und abwechslungsreiches Training.
- Jeder Trainer muß wissen, daß er für die kleinen Fußballer ein Vorbild ist, auf dessen Wort man hört und dessen Tun man genau beobachtet.

**Legende zu den Trainingseinheiten**

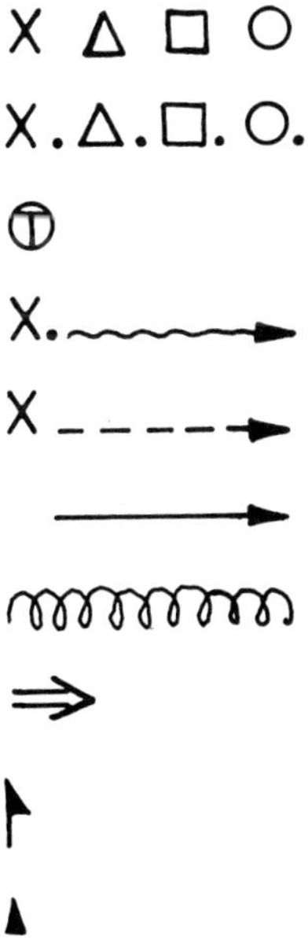

Spieler

Spieler mit Ball

Trainer

Laufweg Spieler mit Ball

Laufweg Spieler ohne Ball

Ballweg

Jonglieren

Torschuß

Fähnchen

Hütchen

**Ziele: Einführung in das Fußballspiel**
**Gewöhnung an den Ball und Spielen mit dem Ball**
**Verbesserung der Koordination**

# F 1

5 Min. **Einstimmen**

Warum wollt ihr Fußball spielen?
Was macht euch daran Spaß?
Wie spielt man Fußball?
Wer hat schon einmal Fußballspiele gesehen oder selbst gespielt?

**TIPS FÜR DEN TRAINER**

Kurzes Einführungsgespräch mit den Kindern, Erwartungshaltung der Kinder ausloten, Neugier und Freude wecken.

20/25 **Ballgewöhnung**

- Ballführen in langsamem Tempo
- Ball geradeaus führen
- Ball um Kegel führen
- Ball führen und auf Zeichen anhalten
- im Wechsel mal schnell, mal langsam mit dem Ball laufen
- den Ball aus der Hand hochwerfen und wieder fangen
- den Ball auf den Boden prellen und wieder auffangen
- den Ball ein Stück vorrollen, eine Rolle machen und den Ball wieder aufnehmen
- den Ball durch die gegrätschten Beine werfen, umdrehen, nachlaufen und den Ball einholen

- Jedes Kind hat einen Ball.
- Die Kinder werden häufig gelobt.
- Der Trainer macht alles mit.

Die Kinder gewinnen Erfahrung im Umgang mit dem Ball. Der Ball rollt, er springt, verändert seine Richtung usw.

20/25 **Ausklang**

- Wer kann mit dem Ball möglichst schnell durch alle Tore laufen und ihn dabei am Fuß führen, in der Hand halten und ihn prellen?
- Alle Markierungskegel müssen umdribbelt werden.
- Wer schießt in einer vorgegebenen Zeit die meisten Tore?
- Wer kann den Ball durch jedes Tor spielen?

Mit Markierungskegel werden möglichst viele 1 m breite Tore in einer Spielhälfte kreuz und quer aufgebaut.

Abschlußgespräch mit dem Trainer, die Kinder mit positiven Eindrücken entlassen.

# F 2

**Ziele: Einführung in das Fußballspiel**
**Ballgewöhnung**
**Torschüsse**
**Verbesserung der Koordination**

5/10 **Einstimmen/ Aufwärmen**

- Wiederholung der Übungen aus der 1. Stunde
- den Ball mit dem rechten/linken Fuß führen
- mit dem Ball einen Kreis laufen (z. B. einen Mittelkreis)

**TIPS FÜR DEN TRAINER**

Jedes Kind hat einen eigenen Ball.
Gespräch: Wer kennt noch Übungen aus der letzten Trainingsstunde?
Vermittlungsart: Vormachen und nachmachen lassen.

20/25 **Torschuß**

- Es soll versucht werden, möglichst häufig durch eines der Tore zu schießen.
- Wer kann 30 x den Ball durch ein Tor schießen ohne Fehlschuß?
- Wir schießen durch das Tor und versuchen, den uns entgegenkommenden Ball anzuhalten.
- Wer kann den entgegenkommenden Ball direkt wieder durch das Tor zurückschießen?

Es werden zwei Gruppen gebildet, die sich im Abstand von ca. 10 m gegenüberstehen.
In der Mitte werden mehrere Tore mit Markierungskegeln aufgestellt.

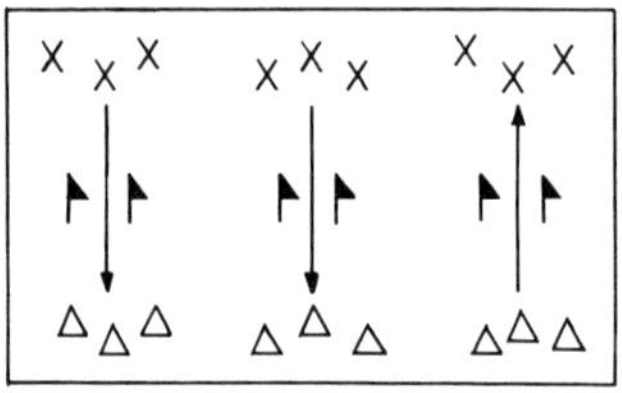

20/25 **Ausklang**

- Wer kann den im Tor liegenden Ball abtreffen?
- Wer schafft in einer Zeit von 5 Minuten die meisten Treffer?
- Zum Abschluß spielen wir ein Fangspiel: Mehrere Fänger versuchen die übrigen Spieler abzuschlagen. Dieses Spiel kann auch mit Ball am Fuß gespielt werden.

Organisation wie oben, zusätzlich einen Ball in jedes Tor legen.

Wechsel nach 1 bis 2 Minuten

Abschlußgespräch

**Ziele: Einführung in das Fußballspiel**
**Torschuß (Spannstoß)**
**Verbesserung der Koordination**

# F 3

10 **Einstimmen/Aufwärmen**

Ballführen in unterschiedlichem Tempo

- Wir führen den Ball nur mit dem linken/rechten Fuß.
- Der Ball soll mit der Innenseite getroffen werden.
- Der Ball wird aufgenommen, hochgeworfen und wieder aufgefangen.
- Der Ball wird aufgehoben, hochgeworfen und erst nach einmaligem Aufspringen gefangen.

**TIPS FÜR DEN TRAINER**

Jedes Kind hat einen Ball.
Die Kinder sollen die Übungen ausprobieren und selbst neue Möglichkeiten mit dem Ball erfinden.

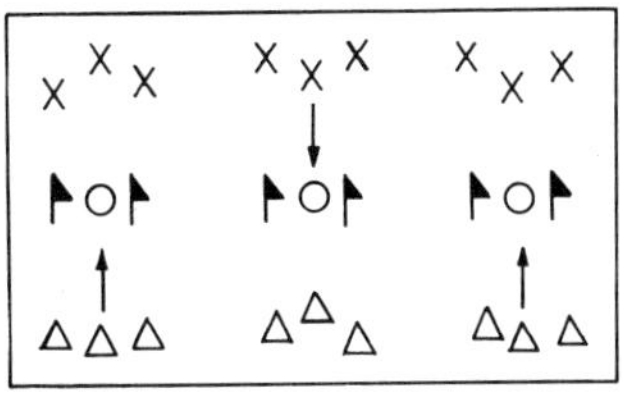

20/25 **Torschuß**

- Welcher Spieler schießt die meisten Tore?

Zwei Gruppen stehen sich im Stand von 10 m gegenüber, dazwischen ein 1 m breites Tor, diesmal mit einem Torwart.

- Wir laufen mit dem Ball fünfmal durch ein Tor und wieder zurück.
- Wir wechseln mehrmals die Seiten des Tores.
- Wir dribbeln auf das Tor zu, schießen den Ball durch das Tor, laufen außen herum und dribbeln weiter bis zur anderen Seite.

Der Torwart wird ständig gewechselt. Wegen der geringen Belastung sollten hier Lauf- und Fangspiele eingeplant werden, die mit dem Torschuß verbunden sein können.

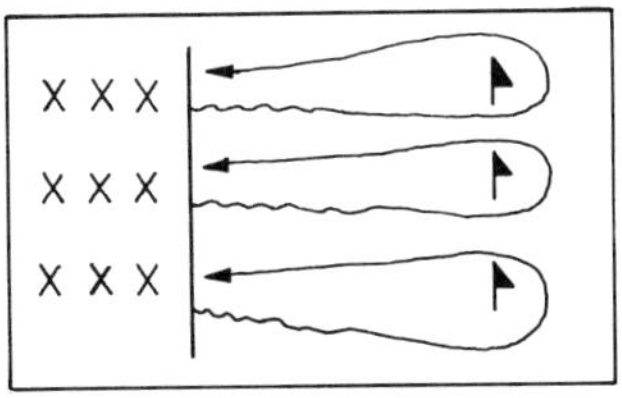

20 **Ausklang**

Heute stehen Staffelspiele im Mittelpunkt. Es werden mehrere Gruppen gebildet und mit und ohne Ball gelaufen. Es wird gestartet

- aus dem Stand,
- aus dem Langsitz,
- aus der Bauchlage,
- aus der Rückenlage.

Die gebildeten Staffeln sollten gleichstark sein. Jede Gruppe sollte wenigstens einmal gewinnen.

# F 4

**Ziele: Ballgewöhnung - Schulung des Ballgefühls Torschuß (Spannstoß)**

10 **Einstimmen/Aufwärmen**
Ballführen in unterschiedlichem Tempo
- Anhalten des Balles, dann sofortiger Start in eine andere Richtung
- Aufheben des Balles mit beiden Händen, dann fallenlassen und versuchen, den fallenden Ball zu treffen oder hochzuspielen

20/25 **Torschuß - Abwehr**
Zwei Tore im Abstand von 10 m, die mit einem Spieler besetzt sind.
- Jeder versucht beim gegenüberliegenden Tor möglichst viele Tore zu erzielen. Dabei darf der verteidigende Spieler in Torwartmanier abwehren.
- Im Spiel 1 gegen 1 muß sich jeder wie ein Feldspieler verhalten, eine Abwehr mit den Händen ist verboten.

20/25 **Ausklang**
Im Mittelpunkt stehen diesmal Spiele des Fangens und Erlösens.
- Kettenfangen
- Abschlagen und in der Abschlagbewegung versteinert stehenbleiben
- eine Fängerzone möglichst oft durchlaufen

**TIPS FÜR DEN TRAINER**
Jedes Kind besitzt einen Ball. Die Kinder sollen mitgestalten, indem sie aus bekannten Übungen neue Möglichkeiten entdecken.

Bilden von Zweiergruppen, pro Paar ein Ball, Übung von Torschuß und Abwehr im Wechsel, Abstand der Tore etwa 10 m.

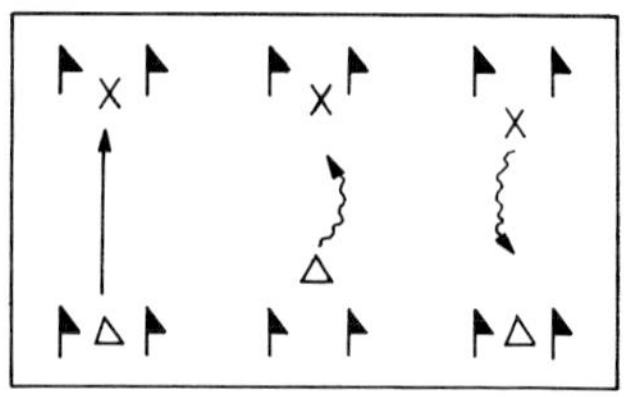

Tor- oder Eckfahnen können als Freimale eingesetzt werden.

**Ziele: Schulung des Ballgefühls**
**Torschuß und Torabwehr**

# F 5

10 **Einstimmen/Aufwärmen**

Wir dribbeln kreuz und quer durcheinander, auf Kommando legen wir eine gymnastische Übung ein, die möglichst häufig ausgeführt werden soll, dann dribbeln wir weiter:

- in die Bauchlage gehen,
- hochspringen und in die Hände klatschen,
- in die Hocke gehen,
- Hampelmannsprung,
- Sprung mit einer halben Drehung.

20/25 **Ballführen/Torschuß/Abwehr**

- Wir dribbeln in dem abgesteckten Feld kreuz und quer durcheinander und behalten den Ball am Fuß.
- Auf Zuruf des Übungsleiters versuchen wir, durch das Fähnchenlabyrinth zu dribbeln.
- Wir dribbeln einzeln durch das Fähnchenlabyrinth und schießen abschließend auf das Tor. Dabei muß der Torwart überwunden werden.

20/25 **Ausklang**

Nun wird 1 gegen 1 gespielt oder 2 gegen 2 auf kleine Fähnchentore.

Abschließend laufen wir eine Runde um den Platz, so daß wir die vier Ecken berühren. Das Auslaufen erfolgt langsam.

**TIPS FÜR DEN TRAINER**

Jedes Kind besitzt einen Ball. Beim Ballführen viele gymnastische Übungen einbauen. Vielleicht darf jedes Kind immer eine Übung selbst finden und vormachen.

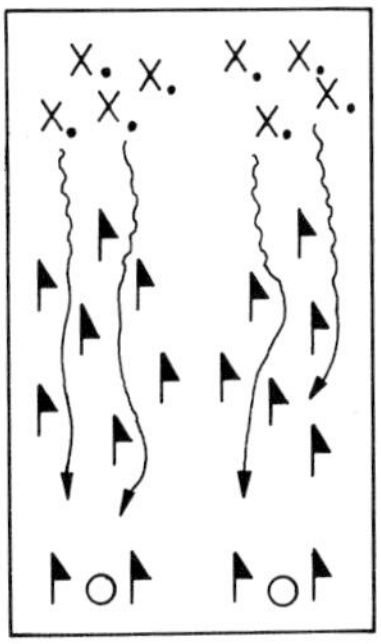

Das Spielfeld sollte höchstens 10 x 20 m sein, damit die Laufwege nicht zu groß sind. Beim Laufen sollte es kein Wettrennen geben, man muß sich unterhalten können. Der Trainer läuft mit, und keiner darf ihn überholen.

# F 6

**Ziele: Schulung des Ballgefühls**
**Dribbling und Torschuß**
**Kopfball**

10 **Einstimmen/Aufwärmen**

- den Ball aus der Hand hochwerfen und wieder auffangen
- den Ball aus der Hand hochwerfen, in die Hände klatschen und wieder auffangen
- den Ball aus der Hand hochwerfen und den herunterfallenden Ball mit der Stirn köpfen
- den Ball hochwerfen und ihn mehrmals mit der Stirn köpfen

**TIPS FÜR DEN TRAINER**
Jedes Kind besitzt einen Ball. Es können auch Übungen aus früheren Stunden eingeflochten werden.

20/25 **Dribbling und Torschuß**

- Gesucht wird der Elfmeterkönig.
- Wir dribbeln mit dem Ball auf das Tor zu und schießen aus dem Dribbling auf das Tor.
- Wir durchlaufen einen Slalomparcours mit dem Ball und schießen abschließend auf das Tor.
- Der Slalomparcours besteht aus Mitspielern. Diese müssen aber immer mit einem Bein fest auf ihrem Platz stehenbleiben, wenn der Spieler durchdribbelt.

Geübt werden Torschüsse mit dem ruhenden Ball. Jeder Spieler hat fünf Schuß. Wer zielt die meisten Treffer? Ständig den Torwart wechseln, damit jeder einmal im Tor steht.

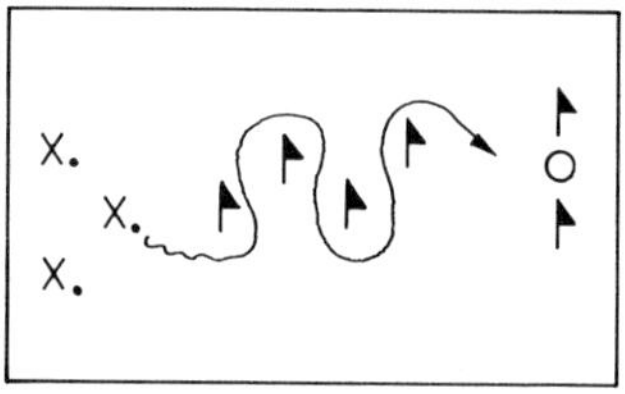

20/25 **Ausklang**

Zum Abschluß absolvieren wir ein Spiel 2 gegen 2, allerdings auf ein Tor mit einem Torwart. Die Rollen der Spieler wechseln ständig. Danach erfolgt das Auslaufen. Vom Anstoßpunkt beginnend müssen beide Tore je dreimal umlaufen werden.

Der Torwart schlägt den Ball aus der Hand möglichst weit ab. Auch hier den Torwart ständig auswechseln.

**Ziele: Schulung des Ballgefühls**
**Kopfball und Torschuß**

10 **Einstimmen/Aufwärmen**

- Wir dribbeln abwechselnd langsam und schnell mit dem Ball.
- Auf ein Zeichen des Übungsleiters halten wir den Ball möglichst schnell an.
- Wir dribbeln, stoppen den Ball auf Zeichen, heben ihn mit beiden Händen auf, werfen ihn hoch und köpfen ihn.
- Wir dribbeln, stoppen den Ball auf Zeichen, heben ihn mit beiden Händen auf, lassen ihn fallen, spielen ihn mit dem Fuß wieder hoch und fangen ihn auf.

20/25 **Kopfball/Torschuß**

- Der Spieler wirft den Ball mit beiden Händen hoch, köpft den Ball nach vorne, läuft hinterher und schießt auf das Tor.
- Der Spieler wirft den Ball mit beiden Händen hoch und köpft direkt den Ball auf das Tor. Dabei muß der Abstand zum Tor gering sein.
- Der Übungsleiter oder ein Mitspieler werfen den Ball zu, der dann auf das Tor geköpft wird.

20/25 **Ausklang**

Diesmal spielen wir 3 gegen 3 oder 4 gegen 4 auf zwei kleine Tore (1 m breit) ohne Torwart.
Abschließend wird von allen Spielern gemeinsam eine Platzrunde gelaufen. Dabei darf sich jeder einen guten Witz erzählen.

**TIPS FÜR DEN TRAINER**

Jedes Kind besitzt einen Ball. Wir dribbeln kreuz und quer in einem abgegrenzten Raum, wie z. B. dem 16-m-Raum.

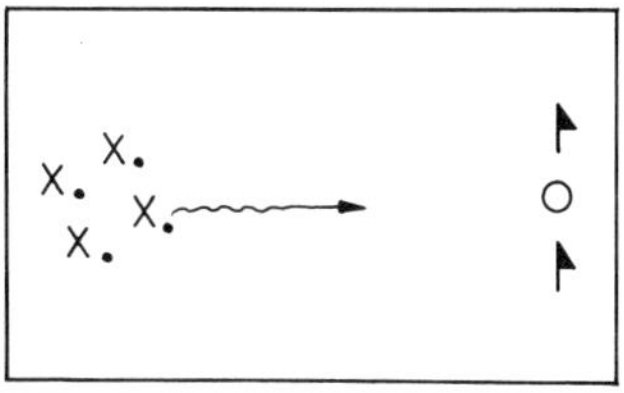

Die Spieler (etwa 3 bis 5) stehen in einem Abstand von 10 bis 15 m vor dem Tor.
Beim Kopfballtraining sollten weiche Bälle verwandt werden.

Spielfeldgröße (20 x 15 m)

Beim Auslaufen macht der Trainer mit und achtet auf das Tempo

# F 8

**Ziele: Schulung des Ballgefühls**
**Passen (Innenseitstoß)**
**Verbesserung der Koordination**

10 **Einstimmen/Aufwärmen**

- Wiederholung von Übungen aus früheren Trainingseinheiten
- Schattenlaufen mit Ball: Ein Spieler dribbelt kreuz und quer durch ein Feld und versucht den nachfolgenden Schatten abzuhängen. Wechsel!
- Zwei Spieler laufen kreuz und quer durch das Feld mit einem Ball und passen diesen einander zu.

**TIPS FÜR DEN TRAINER**

Jedes Paar erhält einen Ball. Das Spielfeld ist abgegrenzt. Wenn die Kinder ihr Tempogefühl einschätzen können, ist diese Übung auch umgekehrt als Jagd denkbar.

20/25 **Passen und Torschuß**

- Der Ball wird dem Partner zugespielt. Hierzu können verschiedene Formen gewählt werden.
- Wir spielen den Ball durch ein 1 m breites Tor dem Partner zu.
- Wir spielen 1 gegen 1, dabei können alle auf dem Spielfeld aufgestellten Tore zum Torschuß genutzt werden.

Es werden kleine Fähnchentore aufgebaut in einem begrenzten Spielfeld.

Das Spielfeld muß zunächst groß sein, um Zusammenstöße zu vermeiden. Später kann es verkleinert werden.

20/25 **Ausklang**

- Wer hat zuerst alle aufgestellten Fähnchen berührt und sitzt wieder an der Startlinie?
- Als Staffel, nach jeder Fähnchenberührung darf der nächste Spieler loslaufen.
- Alle laufen gleichzeitig los, müssen alle Fähnchen berühren und an jedem Fähnchen eine gymnastische Übung machen.
- Wir spielen 3 gegen 3 oder 5 gegen 5 auf zwei kleine Tore ohne Torwart.
- Wir laufen allen Linien auf dem Platz nach, außer den Außenlinien.

Von einer gemeinsamen Startlinie aus beginnt der Wettkampf.

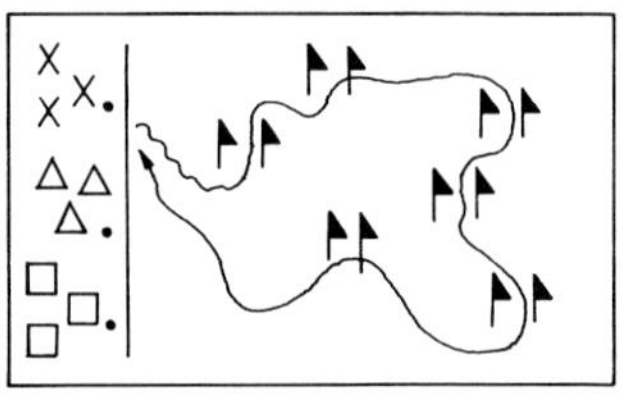

Der Trainer läuft vorneweg und gibt das Tempo an.

**Ziele:** **Ballgewöhnung**
**Kopfballspiel**

# F 9

| | | |
|---|---|---|
| 10/15 | **Einstimmen/Aufwärmen**<br>• In einem begrenzten Spielfeld sollen drei bis fünf Fänger die ganze Gruppe abschlagen. Wer abgeschlagen wird, hockt sich hin.<br>• Kettenfangen<br>• Schattenlaufen ohne Spielgerät: Der führende Läufer baut gymnastische Übungen ein. | **TIPS FÜR DEN TRAINER**<br>Abbau des ersten Bewegungsdranges<br>Alternative: Der abgeschlagene Spieler kann von den anderen wieder erlöst werden. |
| 20/25 | **Kopfballspiel**<br>• Die Spieler dribbeln frei im Raum und passen einander den Ball zu.<br>• Die Spieler passen einander zu, der Ballbesitzer hebt den Ball auf und wirft ihn seinem Partner so zu, daß dieser ihn zurückköpfen kann.<br>• Der Übungsleiter ruft aus dem Kreis der Spieler einen mit Namen auf. Diesem wirft er den Ball zu, den dieser einköpfen muß. Wer erzielt bei fünf Durchgängen die meisten Tore, wenn ein Torwart das Tor bewacht? | Paarbildung, pro Paar ein Ball, wenn möglich, ein weicher Ball. Darauf achten, daß beide Spieler zum Kopfball kommen.<br>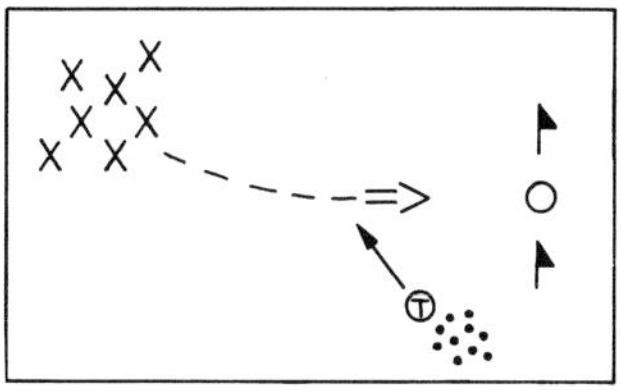 |
| 20 | **Ausklang**<br>- Wir spielen 4 gegen 4 oder 6 gegen 6. Dies kann sowohl mit als auch ohne Torwart geschehen.<br>- Wir versuchen am Ende der Übungseinheit 3 Minuten ohne Pause, aber ganz locker, auszulaufen. | Kopfballtore zählen doppelt.<br>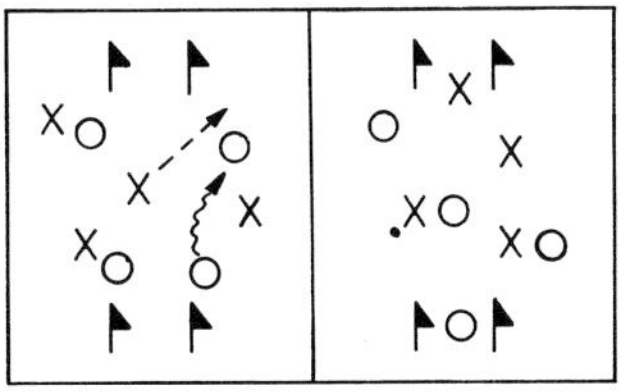 |

# F 10

**Ziele: Verbesserung des Ballgefühls**
**Dribbling**
**Verbesserung der Koordination**

10/15 **Einstimmen/Aufwärmen**

- Wir dribbeln frei im Raum.
- Wir versuchen Richtungswechsel, im Spiel Finten genannt.
- Wir schießen dem Mitspieler den Ball mit dem eigenen Ball weg.
- Der Trainer ruft eine Zahl. Nun müssen alle Kinder möglichst schnell in diese Zone dribbeln und dort so weiterdribbeln, daß sie keinen Mitspieler behindern.

20/25 **Dribbling und Ballführen**

- Die Gesamtgruppe wird in vier Mannschaften eingeteilt. Jede Mannschaft steht in einer Zone. Dort wird der Ball frei geführt unter folgenden Aufgabestellungen:
- auf Zeichen eine Zone weiterdribbeln,
- Verfolgungsrennen um die Zonen herum,
- Zone eins wechselt mit zwei, und drei mit vier, usw.,
- nach Aufruf einer Zone dribbeln alle Spieler der Zone auf ein Tor zu und versuchen gegen einen Torwart ein Tor zu erzielen. Es wird hintereinander geschossen.

20 **Ausklang**

Partnerwettkämpfe:

- Wer zieht seinen Partner über die Linie?
- Wer schafft es, in einem Ringkampf seinen Partner aus der Bauchlage in die Rückenlage zu drehen?

Spiel auf zwei Tore 4 gegen 4 oder 6 gegen 6.
Auslaufen als Schlangenlaufen, etwa 5 Minuten

**TIPS FÜR DEN TRAINER**

Jeder Spieler besitzt einen Ball.

Das Spielfeld wird in vier Zonen eingeteilt.

Organisation wie oben

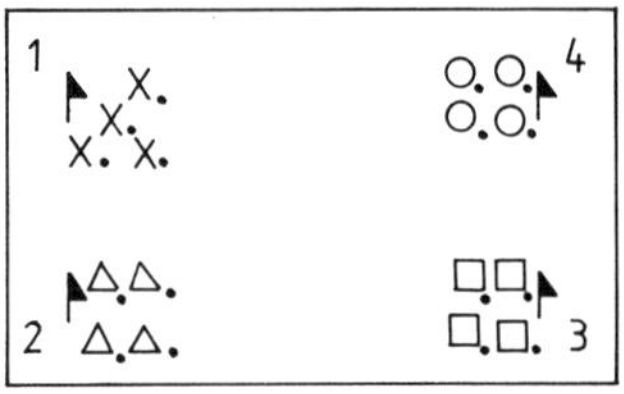


Zusätzlich und mit Abstand werden vier Tore mit je einem Torwart aufgestellt.

Paarbildung
Handfassung an einer Linie, jeweils 3 bis 5 Versuche, dann erfolgt Wechsel

Der Trainer läuft vor.

**Ziele: Verbesserung des Ballgefühls**
**Stärkung der Koordination**
**Entwicklung des Spielverständnisses**
**Innenspannstoß**

# F 11

10/15 **Einstimmen/Aufwärmen**

- In einem abgesteckten Spielfeld wird Völkerball gespielt. Wer abgeworfen ist, kann sich wieder erlösen, wenn er einen anderen Spieler abtrifft.
- Haltet das Feld frei: Welche Mannschaft hat nach 5 Minuten die wenigsten Bälle in ihrem Feld?
- Wir spielen Rugby: Der Ball darf mit Händen und Füßen gespielt werden. Er muß von jeder Mannschaft über eine Linie befördert werden.

**TIPS FÜR DEN TRAINER**

Es werden zwei Teams gebildet bei einem Spielfeld von etwa 10 x 10 m.

Möglichst viele Bälle im Einsatz, Spielfelder etwa 10 x 10 m.

20/25 **Passen und Torschuß**

- Freies Kombinieren mehrerer Spieler in einem begrenzten Spielfeld.
- Der Ball wird zwischen zwei Spielern in der Vorwärtsbewegung zugespielt.
- Die Paare nehmen etwa 20 bis 30 m vor dem Tor Aufstellung. Je zwei Spieler passen sich in Richtung Tor den Ball zu und schießen aus einer bestimmten Entfernung auf das Tor.
- Die obige Übung kann auch im Verbund von drei Spielern durchgeführt werden.

Es erfolgt Paarbildung. Jedes Paar erhält einen Ball.

20/25 **Ausklang**

Zum Abschluß folgt ein Spiel quer über den Platz auf zwei Jugendtore, mit und ohne Torwart.
Zum Auslaufen nehmen wir diesmal drei Runden um das kleine Spielfeld.

Zwei Jugendtore werden benötigt.

# F 12

**Ziele: Ballgewöhnung**
**Verbesserung der Beweglichkeit, Geschicklichkeit und Koordination**

10/15 **Einstimmen/Aufwärmen**

- Ballführen in einem abgegrenzten Bereich
- Beim Ballführen wird ständig das Tempo gewechselt.
- Beim Ballführen wird ständig die Richtung gewechselt, es werden Finten gebaut.
- Der Ball wird hochgeworfen und anschließend mit dem Fuß gestoppt. Das Annehmen des Balles wird geübt.

**TIPS FÜR DEN TRAINER**
Jedes Kind besitzt einen Ball.

20/25 **Beweglichkeit und Koordination**

- den Ball mit der rechten/linken Hand aufprellen
- den Ball um den Körper prellen
- den Ball durch die gegrätschten Beine nach hinten hochwerfen und wieder auffangen
- auf einem Bein stehend den Ball hochwerfen und wieder auffangen
- auf einem Bein hüpfend den Ball mit einer Hand prellen
- den Ball zwischen die Füße klemmen, ihn im Sprung hochscheppern und auffangen
- den Ball mit dem Fuß hochheben
- den Ball jonglieren, auch wenn er dabei mehrmals auf den Boden auftippt

20/25 **Ausklang**

- Der Ball wird in einer Fünfergruppe der Reihe nach (1-2-3-4-5-1) zugespielt, dann umgekehrt.
- Spiel mit zwei Mannschaften
- Fünf Minuten locker auslaufen.

Wir bilden Fünfergruppen und numerieren sie durch.

**Ziele: Schulung des Ballgefühls**
**Circuit-Rundgang mit technischen Schwerpunkten**

# F 13

| | | |
|---|---|---|
| 10/15 | **Einstimmen/Aufwärmen**<br>• Freies Kombinieren üben!<br>• Der Ball wird über größere Entfernungen zugespielt.<br>• Alle Partner ohne Ball stehen mit gegrätschten Beinen im Spielfeld. Die übrigen Spieler spielen den Ball möglichst oft durch die Beine ihrer Mitspieler. Nach jedem Torerfolg muß ein neues Tor gesucht werden. | **TIPS FÜR DEN TRAINER**<br>Paarbildung, pro Paar ein Ball!<br><br>Nach einer bestimmten Zeit erfolgt Rollenwechsel. |
| 20/25 | **Balltechnischer Rundgang.**<br>1. Station: Elfmeterkönig - Wer schafft bei 10 Versuchen die meisten Tore?<br>2. Station: Fünf Minuten lang wird 1 gegen 1 gespielt.<br>3. Station: Ballführen durch ein Hütchenlabyrinth, wobei der Ball am Fuß bleiben sollte.<br>4. Station: Die Partner werfen einander den Ball zu, der Angeworfene köpft den Ball zurück.<br>5. Station: Jeweils ein Paar spielt sich den Ball durch ein 1 m breites Tor bei einem Abstand von 10 m zu bei 20 Versuchen. | An jeder Station üben etwa 2 bis 3 Kinder.<br><br>Ohne Berührung der Hütchen!<br><br>5 Versuche, dann Rollenwechsel. An jeder Station kann die Wiederholungszahl bzw. die vorgegebene Zeitspanne festgelegt werden. Jedes Paar muß jede Station absolvieren. |
| 20/25 | **Ausklang**<br>Das Training wird beschlossen mit einem Spiel quer über den ganzen Platz. Diese Feldgröße entspricht der Altersklasse.<br>Zum Abschluß laufen sich alle Spieler zwei Runden um den Platz ganz ruhig aus. Die Gewinner des Spiels im Uhrzeigersinn, die Zweiten entgegengesetzt. | |

# F 14

**Ziele: Ballführung und Dribbling**
**Paß mit der Innenseite**
**Verbesserung der Schnelligkeit, Reaktion usw.**

10/15 **Einstimmen/Aufwärmen**

- Tag und Nacht: Die Mannschaft Tag steht der Mannschaft Nacht im Abstand von etwa 2 m gegenüber. Der Übungsleiter ruft nun eine der beiden Mannschaften. Die aufgerufene Mannschaft muß nun die andere Mannschaft fangen.
- Die Bauchlage ist Ausgangspunkt für das Spiel.
- Ausgangsstellung: Rückenlage
- Die Mannschaften sitzen Rücken gegen Rücken.

**TIPS FÜR DEN TRAINER**

Es werden zwei Gruppen gebildet bei einer Spielfeldgröße von 30 x 15 m.

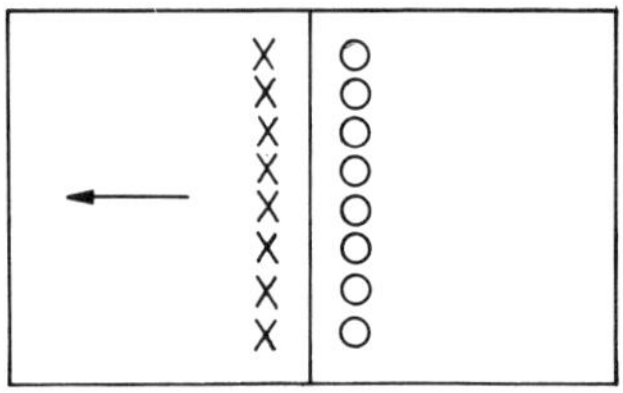

20/25 **Ballführung/Dribbling**

- Der erste dribbelt um ein Mal herum zurück zur Staffel, übergibt den Ball an den zweiten, usw.
- Auf der Laufstrecke ist ein kleines Tor errichtet. Der Dribbler muß den Ball durch das Tor schieben, vorbeilaufen, um das Wendemal dribbeln und zurücklaufen.
- Beim nächsten Dribbellauf ist eine Rolle vorwärts einzubauen.
- Diesmal darf der Ball nur mit dem schwachen Bein des Spielers geführt werden.

Es werden relativ kleine Mannschaften (3 bis 4 Spieler) gebildet, damit die Wartezeiten nicht zu lang sind.

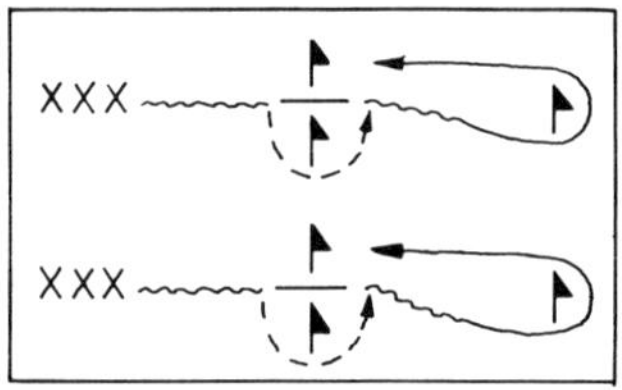

20/25 **Ausklang**

Es wird diesmal auf vier Tore gespielt. Auf jeder Seite des Spielfeldes wird ein Tor aufgestellt. So hat jede Mannschaft zwei Tore zu verteidigen und kann an zwei Stellen Tore schießen.
Diesmal bilden sich beim Auslaufen Paare, die gemeinsam etwa 5 bis 7 Minuten langsam unterhaltend auslaufen.

Es müssen vier Tore aufgestellt werden, an jeder Spielfeldseite eines.

**Ziele: Verbesserung des Zusammenspiels**
**Verbesserung des Zuspiels**
**Verbesserung der Technik in den Grundformen**

# F 15

10/15 **Einstimmen/Aufwärmen**

Balltreiben über den Platz: Der Ball wird aus der Hand so weit wie möglich geschossen. Der Partner fängt den Ball auf und kann von dort zurückschießen. Wer schafft es, seinen Partner bis zur Grundlinie zurückzudrängen?

- Eine Variante ist auch als Mannschaftsspiel denkbar. Der Spieler, der den Ball gefangen hat, muß ihn auch zurückschießen.

20/25 **Verbesserung des Zusammenspiels**

- Es wird in einer Fünfergruppe kombiniert.
- Es wird in einer vorher festgelegten Reihenfolge der Ball zugespielt.
- Beim Spiel 4 gegen 1 spielen sich in einem Feld von 10 x 10 m vier Spieler den Ball zu. Der freie Spieler versucht den Ball während des Kombinierens zu berühren. Gelingt dies, wechselt er in die Vierergruppe.
- 4 gegen 1 und den Ball mit der Hand zuwerfen.
- In ähnlicher Weise funktioniert das Spiel 5 oder 6 gegen 2 Spieler. Die Großgruppe muß sich möglichst oft den Ball zuspielen, ohne daß ein Verteidiger den Ball berühren kann.

20/25 **Ausklang**

Zwei Mannschaften spielen auf ein Tor. Nach jedem Tor muß der Schütze die andere Mannschaft verstärken. Auslaufen in Schlangenlinie, dabei wechselt nach 15 Sekunden die Spitze.

**TIPS FÜR DEN TRAINER**

Es werden Paare gebildet. Jedes Paar erhält einen Ball.

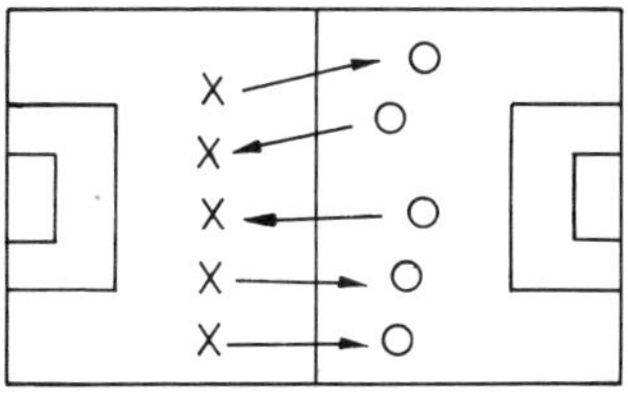

Jede Fünfergruppe besitzt einen Ball.

Je nach Leistungsfähigkeit kann auch 3 gegen 1 oder 5 gegen 1 gespielt werden. Der Wechsel erfolgt, sobald der Verteidiger den Ball berührt hat.

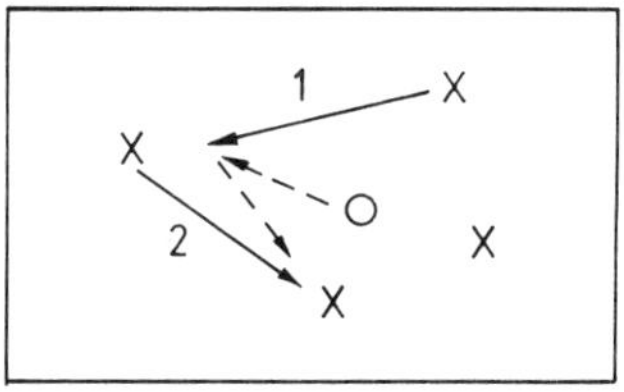

**Ziele: Innenseitstoß**
**Ballan- und -mitnahme**

# E 1

10/15 **Einstimmen/Aufwärmen**

- lockeres Traben, Ballführen mit dem rechten bzw. linken Fuß
- mit dem Ball jonglieren
- den Ball in die Hand nehmen, leicht hochwerfen und mehrmals köpfen
- den Ball in die Hand nehmen, leicht hochwerfen und mit dem Fuß an- und mitnehmen
- den Ball in die Hand nehmen, leicht hochwerfen und mit dem Oberschenkel den Ball wieder hochspielen

**TIPS FÜR DEN TRAINER**

Jeder Spieler besitzt einen Ball.

Es erfolgt Selbstbeschäftigung mit dem Ball. Das Übungsangebot abwechslungsreich gestalten.

20/25 **Innenseitstoß**

- Der Ball wird in Partnerform mit der Innenseite zugespielt.
- Der Ball wird in Partnerform mit der Innenseite zugespielt. Nach der Annahme zusätzlich um ein Hütchen dribbeln und weiterspielen.
- Der Ball wird aus der Hand als Flugball gespielt. Der Partner nimmt ihn mit der Brust bzw. mit dem Fuß an.

Es werden Paare gebildet; jedes Paar hat einen Ball.

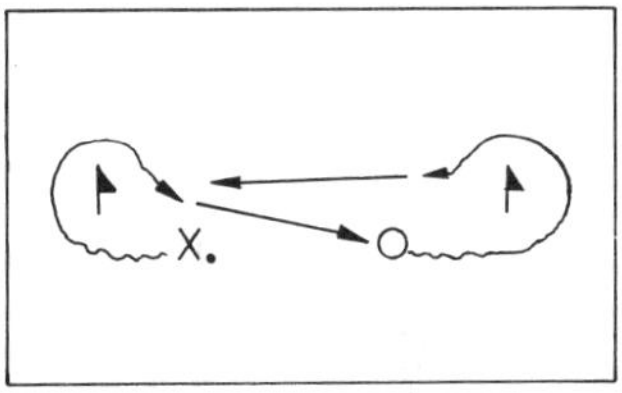


Hier heißt der Schwerpunkt: Ball sauber zupassen und exakte An- und Mitnahme des Balles.

20/25 **Ausklang**

Gespielt wird eine Pendelstaffel mit Doppelpaß.
Danach erfolgt etwa 7 Minuten Auslaufen, wobei jeder einen Ball am Fuß führen soll.

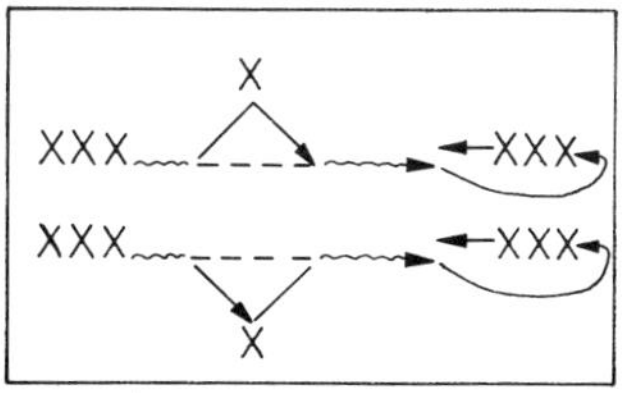

# E 2

**Ziele: Innenseitstoß**
**Ballan- und -mitnahme**

10/15 **Einstimmen/Aufwärmen**

- Ball mit der Hand hochwerfen und mit dem Fuß stoppen
- Ball mit der Hand hochwerfen und mit der Sohle stoppen
- Ball mit der Hand hochwerfen und mit der Innenseite stoppen
- Ball mit der Hand hochwerfen und mit der Brust stoppen
- Ballführen und dabei Finten einbauen

**TIPS FÜR DEN TRAINER**
Jeder Spieler ist im Besitz eines Balles.
Die Übungen werden beidfüßig durchgeführt.

20/25 **Innenseitstoß**

- In der Gegenüberstellung wird der Ball mit der Innenseite zugespielt.
- Ein Partner wirft den Ball im Flug zum Mitspieler; dieser nimmt den Ball an, führt ihn einige Meter und wirft ihn dann wieder seinem Gegenüber zu.
- Der Innenseitstoß wird in verschiedenen Formen mit dem ruhenden und dem bewegten Ball geübt.

Es bilden sich Paare. Jedes Paar erhält einen Ball.

Diese Übung kann auch über eine größere Entfernung als Flugball mit dem Spann gespielt werden.

20/25 **Ausklang**
Beim Mannschaftsspiel auf zwei Tore achten die Spieler besonders auf ein sauberes Paßspiel und auf eine exakte An- und Mitnahme des Balles. Beim anschließenden Auslaufen über etwa 5 Minuten dribbelt jeder Spieler langsam mit dem Ball.

**Ziele: Spannstoß**
**Schulung der Gewandtheit**
**Verbesserung des Spielverhaltens**



15/20 **Einstimmen/Aufwärmen**

- Selbstbeschäftigung mit dem Ball, Nachvollziehen der bisher erlernten Übungen
- Balljonglieren mit dem Fuß, dem Kopf, dem Oberschenkel usw.
- Ball hochspielen oder -werfen und stoppen
- Ballführen in unterschiedlichem Tempo unter Einbau von Richtungswechseln

**TIPS FÜR DEN TRAINER**

Jeder Spieler besitzt einen Ball.

Durch Vormachen des Trainers erhalten die Spieler weitere Anregungen.

20/25 **Verbesserung des Spielverhaltens**

- Es wird 5 gegen 2 oder 4 gegen 2 in einem abgegrenzten Raum gespielt. Dies erfolgt einmal ohne Begrenzung der Ballkontakte oder zum anderen mit Festlegung der Zahl der Ballkontakte.
- Es folgt ein Spiel 4 gegen 4 auf vier Tore.

Die Überzahlmannschaft muß möglichst viele Pässe spielen, ohne daß ein Abwehrspieler den Ball berührt.

Jede Mannschaft hat zwei Tore zu verteidigen und kann auf zwei Tore angreifen.

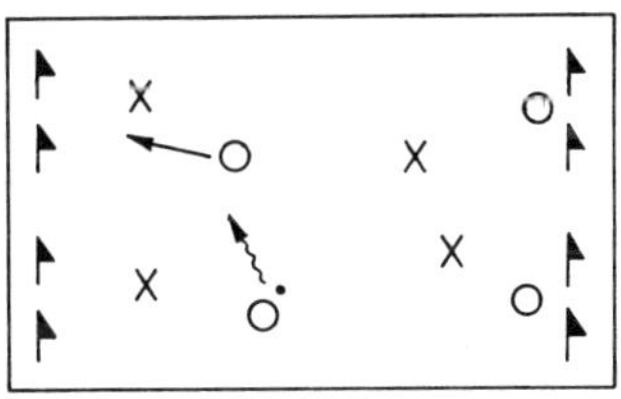

20/25 **Ausklang**

Als Ausklang wird heute Völkerball gespielt.
Nach dem Spiel laufen sich die Spieler in kleinen Gruppen aus und können sich dabei unterhalten.

Die Spielfeldgröße kann bei 10 x 10 m je Feld liegen.

# E 4

**Ziele: Verbesserung des Spannstoßes**
**Verbesserung des Spielverhaltens**

15/20 **Einstimmen/Aufwärmen**

- Schattenlaufen: Spieler A trabt voraus, und B folgt ihm mit dem Ball. Plötzlich bleibt A stehen, grätscht die Beine, und Spieler B spielt den Ball durch die gegrätschten Beine. Spieler A spurtet hinter dem Ball her usw.
- Die Spieler versuchen, sich in einem Abstand von 5 bis 10 m den Ball direkt zuzuspielen.
- Spieler A jongliert den Ball, während B 5 Strecksprünge ausführt. Dann erfolgt Rollenwechsel. Weitere Möglichkeiten sind: Rolle vorwärts, Hampelmannsprung, Sprung mit halber oder ganzer Drehung, Liegestütz.

**TIPS FÜR DEN TRAINER**

Je zwei Spieler besitzen einen Ball.

Je nach Leistungsfähigkeit der Spieler kann der Ball zuerst kurz angehalten werden.

20/25 **Verbesserung des Spielverhaltens**

Gespielt wird ein Fußballturnier. Dabei spielen:

- 1 gegen 1 auf zwei kleine Tore,
- 2 gegen 2 auf zwei kleine Tore,
- 4 gegen 4 auf zwei kleine Tore,
- 8 gegen 8 quer über den Platz auf Schülertore.

Die Spielzeit an jeder Station dauert etwa 5 bis 7 Minuten. Dann erfolgt der Wechsel. Die neuen Mannschaften entstehen einfach durch Zusammenfassen bzw. Trennen der bisherigen.

20/25 **Ausklang**

Es wird auf zwei Tore gespielt. Abschließend laufen sich alle Spieler etwa 10 Minuten locker aus.

**Ziele:** **Verbesserung der Grundtechniken**
**Verbesserung des Spielverhaltens**



15/20 **Einstimmen/Aufwärmen**

- Selbstbeschäftigung mit dem Ball
- Ball vorlegen und nachsprinten
- Ball im langsamen Lauf in der Luft halten
- Ball aus der Hand in die Luft schießen und anschließend stoppen
- Ball in die Luft schießen und mit dem herunterfallenden Ball sofort weiterlaufen

**TIPS FÜR DEN TRAINER**

Jeder Spieler besitzt einen Ball.

20/25 **Verbesserung der Grundtechniken im Stationsbetrieb**

1. Station: Ball dem Partner zuwerfen. Dieser nimmt den Ball an, läuft einige Schritte zurück usw.
2. Station: Spannstöße über weite Entfernungen zum Partner
3. Station: Torschuß aus dem Dribbling heraus
4. Station: den zugeworfenen Ball zum Partner zurückköpfen
5. Station: Spiel 1 gegen 1 auf zwei kleine Tore ohne Torwart

Es bilden sich Paare. Jedes Paar erhält einen Ball.
An jeder Station kann etwa 5 Minuten lang geübt werden.
Wird der Durchgang zweimal absolviert, halbiert sich die Übungszeit.
Wird an einer Station direkt 5 Minuten gearbeitet, gibt es zur „Halbzeit“ eine kurze Pause.

20/25 **Ausklang**

Spiel über den gesamten Platz.
Jeder Torschuß bringt 1 Punkt, sofern er nicht weiter als 5 m neben oder über das Tor geht. Jeder gehaltene Schuß bringt 2 Punkte, jedes Tor 10 Punkte.
Zum Abschluß laufen alle etwa 5 Minuten lang locker aus.

# E 6

**Ziele: Verbesserung des Zusammenspiels**
**Verbesserung der Techniken im Umgang mit dem Ball**

| | | |
|---|---|---|
| 10/15 | **Einstimmen/Aufwärmen** | **TIPS FÜR DEN TRAINER** |
| | • Atomspiel: Die Spieler laufen kreuz und quer durcheinandner. Der Trainer ruft eine Zahl, und die Spieler finden sich möglichst schnell zu dieser Gruppenstärke zusammen. | Spiel- und Staffelformen als freudvoller Einstieg |
| | • Schwänze rauben: Jeder Spieler hat ein Parteiband hinten in die Hose gesteckt. Jetzt gilt es, die Bänder den anderen zu rauben und das eigene Band zu verteidigen. | |
| 25/30 | **Zusammenspiel** | |
| | • Die Spieler spielen sich in einer festgelegten Reihenfolge (1 nach 2 nach 3 nach 4 nach 1 usw.) den Ball zu. Die Richtung kann natürlich auch gewechselt werden. | Vierer- oder Fünfergruppen bilden! |
| | • Gespielt wird 4 gegen 1 oder 5 gegen 1. Berührt der Verteidiger den Ball, erfolgt der Rollenwechsel. | Die Anzahl der Mannschaftsspieler, die gegen den Verteidiger spielen, ist bestimmt durch das Leistungsniveau. |
| | • Gespielt wird 4 gegen 4 in einem genau begrenzten Raum. Jede Mannschaft muß versuchen, sich den Ball so oft wie möglich zuzuspielen. Dabei erfolgt ständiger Wechsel im Ballbesitz. | |
| 20/25 | **Ausklang** | |
| | Wir spielen mit zwei Mannschaften auf einem Schülerfeld. Auf dem Feld stehen lauter kleine 1-m-Tore, die jeweils zum Torschuß benutzt werden können. Jede Mannschaft kann solange Tore schießen, bis sie den Ball verliert. | Mindestens 6 bis 8 kleine Fähnchentore aufstellen |
| | Alle laufen paarweise aus und spielen sich den Ball zu. | Paarbildung, pro Paar ein Ball |

**Ziele:** **Verbesserung der Schußtechniken**
**Verbesserung der Ballkontrolle**

# E 7

10/15 **Einstimmen/Aufwärmen**

- Ballführen mit dem linken oder rechten Fuß, mit der Innenseite oder der Außenseite, im Kreis und geradeaus, durch ein Hütchenlabyrinth
- Leichtes Hochwerfen des Balles und Stoppen mit dem Oberschenkel oder Fuß
- Leichtes Hochwerfen des Balles und Vorwärtsköpfen, anschließend Verarbeitung mit dem Fuß

**TIPS FÜR DEN TRAINER**

Jeder Spieler besitzt einen Ball. Ballkontrolle und Geschicklichkeit werden durch beständiges Üben verbessert. Immer wieder die Spieler und ihre Leistungen loben.
Der Trainer macht vor und macht auch mit.

25/30 **Schußtechniken**

- Torschüsse mit dem ruhenden Ball in kleineren Gruppen (3 oder 4 Spieler)
- Tor andribbeln mit abschließendem Schuß von vorne, von halblinks oder halbrechts
- Obige Übungen werden mit beiden Füßen durchgeführt.
- Wir spielen unserem Partner den Ball mit der Innenseite zu, der dann seinerseits einen Torschuß mit dem Spann (innen oder außen) abgibt.

Im Mittelpunkt stehen das Tor und der Torschuß.
Es wird auf mehrere Fähnchentore gespielt, wobei die Funktion des Torwartes immer gewechselt wird. Jeder versucht sich als Torwart.

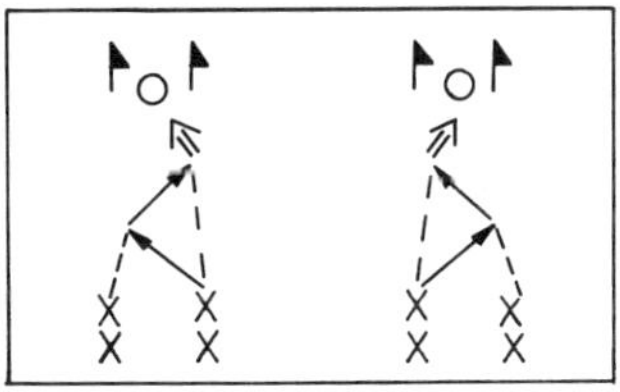

20/25 **Ausklang**

Gespielt wird in kleinen Gruppen auf zwei Tore. Dabei sollen die Spieler sich besonders um eine gute Raumaufteilung bemühen. Nach dem Spiel erfolgen 5 Minuten Auslaufen, dabei sollen sich die Spieler unterhalten.

Hinweis: Nicht alle laufen hinter dem Ball her. Tips zur Aufteilung des Raumes.

# E 8

**Ziele: Verbesserung der Geschicklichkeit im Umgang mit dem Ball**
**Verbesserung der Grundtechniken**

10/15 **Einstimmen/Aufwärmen**

- Selbstbeschäftigung: Was kann man alles mit dem Ball machen? Die Spieler trainieren bekannte Übungen und versuchen, neue Bewegungsformen mit dem Ball zu erfinden. Wer kann die tollste Übung entwickeln?
- Der Trainer beobachtet die Arbeit der Spieler. Sobald er eine neue Übung bei einem Spieler sieht, läßt er diesen die Übung vormachen. Alle anderen vollziehen sie nach.

25/30 **Zusammenspiel**

- Die Spieler werfen sich den Ball zu.
- Die Spieler werfen sich den Ball zu. Nach dem Weiterwurf des Balles erfolgt eine gymnastische Übung (z. B. Rolle vorwärts, Kopfballsprung, Hampelmann usw.).
- Das Zuspiel untereinander wird nun von einem Störfaktor beeinträchtigt. Ein Abwehrspieler versucht, das Zusammenspiel zu stören.
- Gespielt wird ohne Tore mit zwei Mannschaften. Dabei zählen die Anzahl der Pässe als Punkte.
- Gespielt wird Hallenhandball auf dem Kleinfeld. Es zählen diesmal die Tore.

20/25 **Ausklang**

Zum Abschluß erfolgt ein Spiel mit dem Fußball auf zwei Tore unter den üblichen Regeln.
Beide Mannschaften laufen sich in ihrer Spielhälfte aus und lassen einen Ball durch ihre Reihen laufen.

**TIPS FÜR DEN TRAINER**

Jeder besitzt einen Ball.

Fällt den Spielern nichts Neues ein, setzt der Trainer Impulse durch Vormachen.

Es werden Vierer-, Fünfer- oder Sechsergruppen gebildet. Jede Gruppe erhält einen Ball. Gespielt wird mit einem Handball.

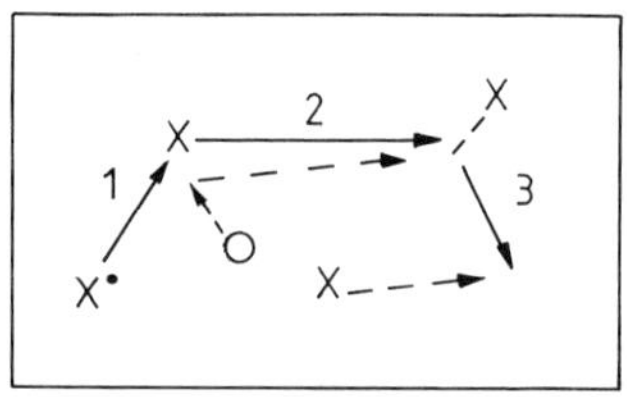


Benötigt wird ein Fußball.

**Ziele: Ballkontrolle**
**Verbesserung des Zusammenspiels**

# E 9

| | | TIPS FÜR DEN TRAINER |
|---|---|---|
| 10/15 | **Einstimmen/Aufwärmen**<br>Die Spieler beschäftigen sich selbst mit dem Ball.<br>Geübt werden<br>• Ballführen,<br>• Richtungswechsel beim Ballführen,<br>• Ball mit der Sohle anhalten,<br>• Ball in verschiedenen Situationen stoppen,<br>• Ball hochwerfen und köpfen. | Jeder Spieler erhält einen Ball. |
| 20/25 | **Zusammenspiel**<br>• Die Spieler versuchen, sich den Ball direkt zuzuspielen.<br>• Welches Paar oder welche Gruppe schafft die meisten direkten Zuspiele?<br>• Die Gruppe versucht, einen Ball in der Luft zu halten. In der Vorbereitungsphase darf der Ball gelegentlich auf den Boden springen.<br>• Es folgen Unterzahlspiele wie 5 gegen 2 oder 6 gegen 2. | Gespielt wird ein Paß mit der Innenseite. Geübt wird in Gruppen bis zur Größe einer Sechsergruppe. |
| 20/25 | **Ausklang**<br>Der Ausklang beginnt mit einem Spielturnier auf Kleinfeldern. Dabei spielt jede Mannschaft gegen jede.<br><br>Beim Auslaufen wird diesmal der Ball in der jeweiligen Gruppe zugespielt. | Beispiele:<br>1 gegen 1, 2 gegen 3<br>2 gegen 4, 3 gegen 4<br>1 gegen 4, 1 gegen 3.<br>Es geht nicht um Gewinnen oder Verlieren. |

# E10

**Ziele: Verbesserung der Ballkontrolle und des Zusammenspiels**
**Verstärkung der Grundtechniken**

10/15 **Einstimmen/Aufwärmen**

Eigenbeschäftigung der Spieler mit dem Ball unter Einbezug gymnastischer Übungen

- Ballführen mit Rolle vorwärts
- Dribbeln mit Liegestütz
- Ball vorlegen und nachsprinten
- Ball hochschießen, eine Rolle vorwärts absolvieren und Ball wieder annehmen
- Ball abwechselnd mit Fuß, Oberschenkel, Kopf in der Luft halten

**TIPS FÜR DEN TRAINER**

Jeder Spieler besitzt einen Ball.

25/30 **Grundtechniken**

Grundtechniken werden an 6 Stationen verbessert.

- Einwurf zum Partner und Annehmen des Balles
- Ball zuwerfen und sauber mit dem Fuß stoppen
- Ball zuwerfen und direkt zurückköpfen
- Zwei Tore stehen im Abstand von 10 m. Beide Partner schießen nun abwechselnd auf das Tor des Gegenübers (Spannstoß).
- Spiel 1 gegen 1 auf kleine Tore
- Weitschußwettbewerb oder paarweises Balltreiben

Wir bilden Paare; jedes Paar erhält einen Ball.
Die Stationen können auch mehrfach belegt werden. Das ist von der Teilnehmerzahl abhängig.

20/25 **Ausklang**

Es spielen zwei Mannschaften gegeneinander. Jeder Spieler erhält in seiner Mannschaft eine Nummer. Erzielt ein Spieler ein Tor, wechselt er die Mannschaft mit dem Spieler, der in der anderen Mannschaft die gleiche Nummer trägt.
Mehrminütiges Auslaufen durch ein Hütchenlabyrinth mit Ball.

**Ziele:** **Verbesserung der Balltechnik (Ballführen)** E 11

10/15 **Einstimmen/Aufwärmen**
Selbstbeschäftigung der Spieler mit dem Ball:
- Dribbeln mit dem rechten und linken Fuß,
- Ball hochwerfen und annehmen,
- Ball hochwerfen, mit dem Oberschenkel annehmen und wieder hochspielen,
- selbsterdachte Finten und Tricks ausprobieren.

25/30 **Ballführen in Staffelform**
- Staffel mit Slalomdribbling
- Paß-Dribbel-Staffel: Fähnchenslalom durchdribbeln, Paß gegen die Wand, Ball aufnehmen und zurückdribbeln
- Tor-Dribbel-Staffel: Fähnchenslalom durchdribbeln, Ball durch Tor passen, außen herumlaufen, Ball aufnehmen und zurückdribbeln
- Dribblingstaffel: Um jedes Fähnchen wird eine Runde gedribbelt.

20/25 **Ausklang**
Es folgt ein Spiel auf kleine Tore in überschaubaren Gruppen und ohne Torwart.
Als Auslaufen nehmen wir einen Linienlauf.

**TIPS FÜR DEN TRAINER**
Jeder Spieler hat einen Ball.

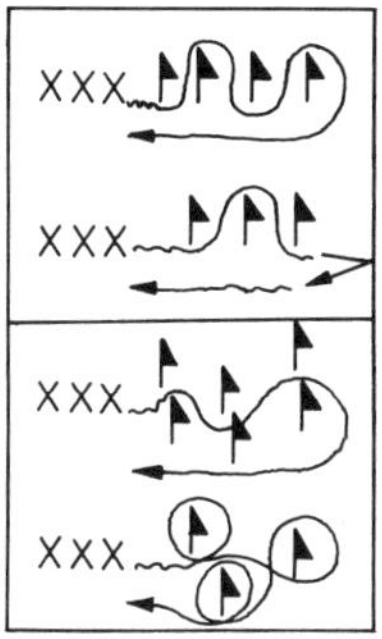


Nicht zu große Gruppen bilden!
Häufig die Gruppen wechseln!
Kann als Einzel- oder Gruppenwettkampf durchgeführt werden.

# E12

**Ziele: Verbesserung der allgemeinen Kondition durch Spiele**
**Verbesserung der Gewandtheit und Beweglichkeit**
**Verbesserung des Ballgefühls**

10/15 **Einstimmen/Aufwärmen**

- Ballführen mit dem rechten und linken Fuß, mit der Innen- und der Außenseite
- Kurven laufen
- eine Acht laufen
- Einbau von Täuschungen und Finten
- Versuch, dem Mitspieler den Ball wegzuschießen und dabei den eigenen Ball zu sichern

25/30 **Spiele zur Konditionsverbesserung**

- Bälle rauben: In der Spielmitte liegen möglichst viele Bälle. Eine Mannschaft bewacht die Bälle, die andere versucht sie zu rauben und in eine Feldecke zu bringen.
- Spiel „Henne und Habicht“
- Nummernwettlauf: Aus verschiedenen Ausgangsstellungen (stehen, knien, liegen, sitzen usw.) laufen die aufgerufenen Spieler mit oder ohne Ball um das Wendemal und auf ihren Platz zurück.
- Fangspiel im Wechsel. Jeder Fänger erhält einen Partner, den er fangen muß. Auf Zeichen des Trainers erfolgt Rollenwechsel.

**TIPS FÜR DEN TRAINER**

Jeder hat einen Ball.

Welche Mannschaft raubt in einer bestimmten Zeit die meisten Bälle? Spielzeit 3 bis 4 Minuten!

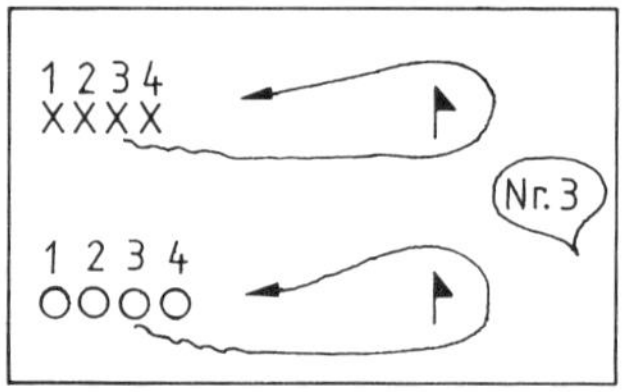


Dribbling mit dem Ball, Ball in der Hand prellen, Hindernisse einbauen, gymnastische Übungen machen

Spielt man dieses Spiel in einer Dreiergruppe, hat je ein Spieler eine aktive Pause.

20/25 **Ausklang**
Gespielt wird Völkerball, zuerst mit einem Ball, dann mit zwei Softbällen, dann mit Hindernissen in jedem Feld.
Zum Auslaufen traben alle dreimal an allen Linien des Spielfeldes entlang.

## 3.2 Wir wollen uns beim Fußballspielen verbessern (10 bis 14 Jahre)

Aufbauend auf die erste Phase steht jetzt für die 10 - 14jährigen die Verbesserung des Spieles im Vordergrund. Gerade in dieser Altersstufe kommt die Kenntnis der psychomotorischen Entwicklungsprinzipien bzw. biologischen Entwicklungsstufen eine besondere Bedeutung zu. Nach dem Primärbereich durchlaufen die 10 - 14jährigen einen weiteren Reifungsprozeß.

### Die vorpuberale Phase

Die Phase zwischen Grundschulalter und Eintritt der Pubertät wird als vorpuberale Phase bezeichnet. Bei den Jungen dauert diese Phase vom 10. - 12./13. Lebensjahr; bei den Mädchen ist diese Phase in der Regel ein Jahr früher abgeschlossen.

„In dieser Phase wachsen die Kinder in einem etwa gleichbleibenden Tempo sowohl in die Höhe als auch in die Breite, und die Organe passen sich dem Entwicklungsfortschritt an. Daraus resultieren die harmonischen und geschmeidigen Bewegungen" (vgl. W. Maier, Leistungsfußball).

Diese Phase bezeichnet Meinel in seiner Bewegungslehre als die beste Lernphase. Bewegungen werden sehr schnell, häufig auf Anhieb erlernt. Die Kinder dieser Altersstufe überlegen nicht lange, sie probieren die vorgemachten Bewegungsabläufe aus. Schon nach kurzer Zeit sind sie in der Lage, dieses nachzuvollziehen.

Deswegen sollte die Verbesserung der fußballspezifischen Technik ein Schwerpunkt der praktischen Arbeit sein. Diese Techniken sollen nicht isoliert, sondern in der entsprechenden Spielumgebung erarbeitet und gefestigt werden. Von daher sollte Techniktraining immer zwei Aspekte im Blick haben:

- Häufiges und konzentriertes Wiederholen, um die Bewegung zu automatisieren (Zusammenspiel von Zentralnervensystem und Muskulatur).
- Techniktraining braucht Orientierung am Spiel, wobei die Techniken in der jeweiligen Spielumgebung umgesetzt werden müssen (Motto: Fußballspielen lernt man durch Fußballspielen).

### Allgemeine Trainingshinweise

Im Bereich der technischen Elemente ist jetzt die gesamte Palette der technischen Möglichkeiten zu vermitteln, einzuüben und anzuwenden. So sind z. B. die verschiedenen Schußtechniken zu verfeinern. Hierbei ist eine Beidfüßigkeit anzustreben. Ebenso gilt es, das Kopfballspiel zu verbessern und zu präzisieren. Treten deutliche Fehler auf, so ist hier eine Korrektur gezielt vorzunehmen.

Auch im Bereich der taktischen Elemente ist nun gezielter zu arbeiten. Die Spieler/innen erfahren Grundsituationen in den verschiedensten Spielformen. Hierbei bieten sich Formen von 1 gegen 1 bis 11 gegen 11 an. Unter Grundsituationen sind zu verstehen: Torschuß, Torabwehr, Dribbling, Ballkontrolle, Zusammenspiel und anderes mehr.

Im konditionellen Bereich zeigen sich ebenfalls neue Ansätze. Für das Training von Ausdauer und Schnelligkeit sind ab dem 11./12. Lebensjahr beste Voraussetzungen gegeben. Auch eine Verbesserung der Koordination, der Beweglichkeit und Gelenkigkeit ist anzustreben, da sonst diese Aspekte stagnieren bzw. sogar abnehmen. Hier sind Dauerläufe über 5, 7, 10 oder gar 15 Minuten möglich, wobei man sich während des Laufens unterhält. Sprints über 10 bis 15 m mit aktiven Erholungsphasen sind spielimmanente Anforderungen.

Etwa ab dem 10. Lebensjahr - so stellt Horst de Marées fest - reagiert das Kind mit Anpassungserscheinungen auf Ausdauerbelastungen. Dennoch ist hier ein separates Konditionstraining nicht erforderlich. Auch in dieser Altersstufe steht der Einbezug in Spielsituationen im Vordergrund.

**Die Rolle des Trainers**

In dieser Altersstufe sollte der Trainer ein guter Techniker sein, der den Kindern innerhalb von Spielsituationen alles vormachen kann. Vor allem sollte sein Spiel- und Übungsangebot abwechslungs- und einfallsreich sein. Die Hilfen und Korrekturen, die er nun vermehrt anzubringen hat, müssen einfühlsam gegeben werden. Auch hier unterstützen Lob und Aufmunterung den Lernprozeß positiv.

**Die erste puberale Phase**

Mit dem Eintritt in die puberale Phase erfolgt ein Gestaltwandel. Das einsetzende Längenwachstum zeigt dem Trainer das Ende des für die Spieler/innen so erfolgreichen Lernalters an. Infolge des raschen Längenwachstums entsteht ein gestörtes Verhältnis zwischen Rumpf und Beinlänge, so daß disharmonische Bewegungen auftreten. Mit dem verstärkten Längenwachstum wird das Erlernen von Bewegungsabläufen erschwert. Im Bereich der Technik müssen nun die bereits erlernten Elemente gefestigt werden. Die Einführung neuer technischer Abläufe ist schwierig und nicht unbedingt empfehlenswert, weil der Lernfortschritt zu gering ist (Krisenzeit für die Motorik).

Die relativ erheblichen Wachstumsunterschiede müssen durch ein differenziertes Trainingsangebot berücksichtigt werden. Ein Größenunterschied (z. B. in der C-Jugend) von 20 bis 30 cm zwischen den kleinsten und größten Spielern der Mannschaft ist keine Seltenheit.

**Allgemeine Trainingshinweise**

Im technischen Bereich geht es in dieser Altersstufe eindeutig um Übungsangebote, die die bisher erlernten Techniken verfeinern und verbessern. Hierbei sollen diese Techniken unter verbesserten konditionellen Verhältnissen erprobt und gefestigt werden. Erlernen neuer Technikabläufe bringt kaum Erfolg.

In dieser Phase ergibt sich die Entwicklung des Intellekts. Etwa ab dem 12. Lebensjahr erreicht das Gedächtnis den höchsten Grad an Aufnahmefähigkeit. Dies sollte der Trainer zu taktischen Schulungen nutzen. Erste taktische Grundlagen in einfachen Strukturen können bereits in der D-Jugend erarbeitet werden. Jetzt, in der C-Jugend, können auch schwierige taktische Inhalte verarbeitet werden. Die Spieler/innen finden und erproben in Spielsituationen selbst taktische Lösungen. Sie stimmen ihr eigenes Spielverhalten auf die Mit- und Gegenspieler ab. Das kann geübt werden in Über- und Unterzahlspielen, durch Standardsituationen und ihre Varianten.

Der konditionelle Aspekt spielt nun eine verstärkte Rolle. Aerobe Ausdauerbelastung und Schnelligkeit sind gut trainierbar. Das Ausdauertraining macht nun Spiele über einen längeren Zeitraum genau so möglich, wie Läufe mit und ohne Ball von 10 bis 15 Minuten. Zwar zeigt sich mit Beginn der Pubertät eine bessere Trainierbarkeit; doch Krafttraining bringt vor dem Einsetzen der Pubertät wenig. Dabei sollte hier kein Maximalkrafttraining und kein Training der Kraftausdauer durchgeführt werden. Krafttraining bezieht sich hier weiterhin auf Zieh- und Schiebekämpfe, Sprungübungen und dergleichen mehr. Krafttraining kann auch mit dem Eigengewicht, leichten Geräten, dem Medizinball oder dem Seil ausgeführt werden. Auch ein Circuittraining dient dieser Altersstufe. Weiterhin sollte die regelmäßige Schulung der Beweglichkeit und Gelenkigkeit betrieben werden. Das Schnelligkeitstraining - ausgeführt z. B. in Reaktionsspielen oder Sprints - verzeichnet eine hohe Effektivität.

### Die Rolle des Trainers

In dieser Altersstufe benötigt der Trainer besondere Sensibilität für seine Aufgabe.

- Er soll dem Wunsch und Streben der Jugendlichen nach Selbständigkeit entsprechen.
- Er sollte den Jugendlichen als eine eigene Persönlichkeit akzeptieren. (Die Spieler wollen keine Kinder mehr sein.)
- Der Trainer sollte auf der einen Seite Fachmann und Experte sein, auf der anderen Seite sich als verständnisvoller Kamerad zeigen.
- In dieser Phase reagieren die Jugendlichen besonders empfindlich auf Kritik; sie benötigen besondere Zuwendung. Daher ist hier das Einzelgespräch und die persönliche Ansprache als Verständigungsmittel zu bevorzugen.
- Der Trainer soll dem Jugendlichen nicht mit einer überzogenen Autorität entgegentreten.
- Er muß auch im außersportlichen Bereich sich engagieren und Feste, Feten und andere Formen von Jugendtreffs organisieren.
- Er sollte Spaß verstehen und mit den Jugendlichen lustig sein.

- Sein Ziel sollte es sein, die Jugendlichen langsam zu einer Eigenverantwortung zu erziehen und ihnen Raum zum eigenen Erproben lassen.
- Der Trainer sollte die Sportler/innen durch Lob und ganz persönliche Ansprache motivieren und ermutigen.
- Im Umgang mit den Jugendlichen benötigt er selbst viel Geduld.

**Zusammenfassung**

Diesem zweiten Ausbildungsabschnitt (10 - 14jährige) kommt eine besondere Bedeutung zu, da die Streuung in keiner anderen Phase so offensichtlich und extrem ist wie in diesem Bereich der D- und C-Junioren.

Deshalb ist hier ein differenziertes Übungsangebot sehr notwendig. Entsprechend den unterschiedlichen körperlichen Voraussetzungen muß der Trainer hier eine Einteilung in Gruppen vornehmen bzw. differente Aufgaben für die verschiedenen Entwicklungsstufen anbieten.

Was den „kleinen“ 13jährigen Spieler überfordern kann, bedeutet für den „großen“ 13jährigen fast eine Unterforderung. Um für alle die richtige Belastungsdosis zu erreichen, bedarf der Trainer eines guten pädagogischen und organisatorischen Geschickes.

WICHTIG: Ist das Training nur auf Leistungsoptimierung ausgerichtet, so werden häufig nur diejenigen gefördert, die einen biologischen Entwicklungsvorsprung haben, d. h. die großen und kräftigen Spieler. Es ist aber nicht sicher, ob diese „Frühentwickler“ auch später noch, wenn die körperlichen Vorteile gegenüber den „kleinen“ Spielern ausgeglichen sind, zu den Leistungsstarken gehören. In diesem Alter ist der Leistungsvorsprung in erster Linie ein Entwicklungsvorsprung und nicht der Beweis eines größeren Talents. Eine einseitige Bevorzugung in der Trainingsgestaltung ist nicht zu verantworten und würde unter Umständen die Falschen fördern.

**Ziele: Technikverbesserung**
**Schulung der Koordination**

# D 1

| | | |
|---|---|---|
| 15/20 | **Einstimmen/Aufwärmen**<br>• eine Runde locker traben<br>• Hopserlauf, Hüpfer links/rechts, Schlußsprünge, Sprunglauf, Läufe mit Drehungen rechts und links herum, vorwärts- und rückwärtslaufen, fünf Spurts und jeweils zurück traben<br>• Selbstbeschäftigung mit dem Ball, Jonglieren, Finten, Ballfertigkeit | **TIPS FÜR DEN TRAINER**<br>Für die Übungen wird eine Strecke von 15 bis 20 m vorgegeben, auf der diese Übungen ausgeführt werden.<br><br>Nach dem Spurt locker traben.<br>Jedes Kind hat einen Ball. |
| 25/30 | **Technikverbesserung**<br>• Ball hochhalten<br>• Ein Partner wirft den Ball hoch, der andere köpft den Ball zurück.<br>• Direktes Zuspiel, dabei dem Ball entgegenlaufen<br>• Ballannahme nach Zuruf durch den Partner (Ballkontrolle)<br>• 1 gegen 1 ohne Tor | Paarbildung, pro Paar ein Ball<br><br>Von Beginn an mit dem rechten und linken Fuß üben.<br>Zwischen den einzelnen Übungen, die sehr belastend sind, aktive Erholungsphasen einschieben. |
| 25/30 | **Ausklang**<br>- Spiel 6 gegen 6 oder 7 gegen 7 auf zwei Hütchentore ohne Torwart<br>- 5 Minuten lockeres Auslaufen | |

# D 2

**Ziele: Verbesserung der Technik**
**Torschüsse aus der Zweikampfsituation**

15/20 **Einstimmen/Aufwärmen**

Selbstbeschäftigung mit dem Ball:
- Dribbling mit dem rechten und linken Fuß,
- Ball hochspielen und dann kontrollieren,
- Ball hochwerfen, Kopfball, hinterherspurten und dann Ball kontrollieren.

**TIPS FÜR DEN TRAINER**

Jeder Spieler besitzt einen Ball.

25/30 **Torschußtraining**
- Von der Mittellinie anlaufen mit Zuspielkombination, abschließend Torschuß
- Trainer steht an der Mittellinie, die beiden Spieler rechts und links neben ihm, Trainer spielt den Ball vor, beide spurten hinterher, Zweikampf um den Ball und Torschuß.
- Beide Partner stehen hintereinander, Partner A grätscht die Beine, Spieler B spielt dem Vordermann den Ball durch die Beine, beide spurten hinter dem Ball her, Zweikampf um den Ball und Torschuß.

Paarbildung, pro Paar ein Ball

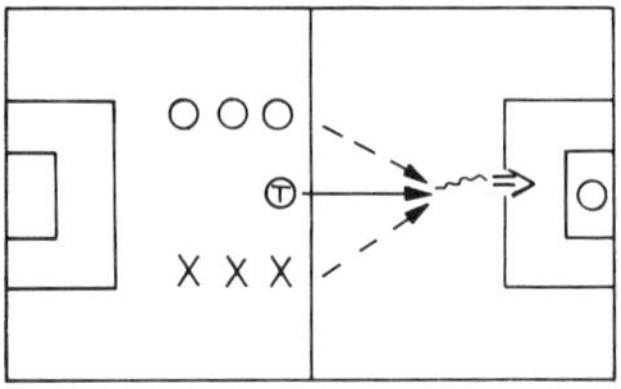

25/30 **Ausklang**
- Spiel 6 gegen 6 oder 8 gegen 8. Dabei spielt eine Mannschaft auf Fähnchentore, die an den Seiten aufgestellt sind, die andere Mannschaft spielt auf das Normaltor mit Torwart.
- Rund 5 Minuten laufen sich die Spieler locker aus.

Nach 10 bis 15 Minuten werden die Rollen gewechselt.

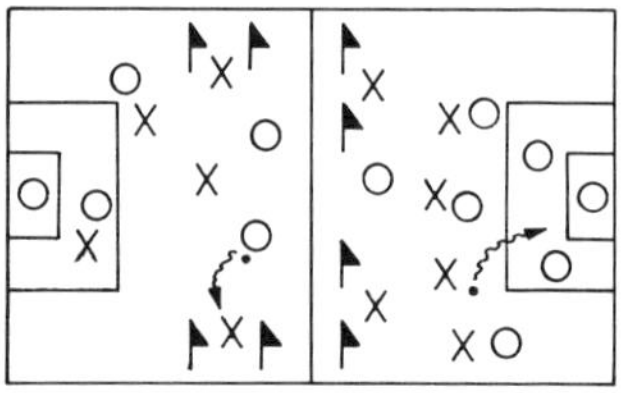

**Ziele: Verbesserung der Technik**
**Training der Schnelligkeit**

# D 3

15/20 **Einstimmen/Aufwärmen**

Wir beginnen im Aufwärmtempo mit
- Zuspielen,
- Dribblings,
- Ballkontrolle,

verbunden mit gymnastischen Übungen
- in die Hocke gehen,
- Liegestütz,
- Rolle vorwärts oder rückwärts,
- Kopfballsprünge,
- Sprünge mit Drehungen.

Diese Übungen können auch paarweise ausgeführt werden. Dadurch entstehen Erholungspausen.

**TIPS FÜR DEN TRAINER**

Paarbildung, pro Paar ein Ball

Nach dem Abspiel führen die Spieler nach Ansage des Trainers je eine Übung durch.

25/30 **Schnelligkeitstraining**
- Ein Spieler jongliert den Ball in der Luft, während sein Partner einen Sprint absolviert, dann erfolgt Rollentausch. Nach 4 bis 5 Spurts eine aktive Erholungspause einlegen, wie z. B. Selbstbeschäftigung mit dem Ball.

Die Spieler organisieren sich in Zweiergruppen. Die Sprintstrecke sollte etwa 10 bis 15 m lang sein.

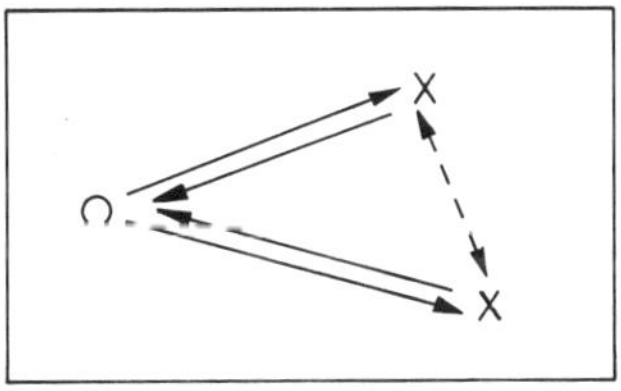

- Ein Spieler spielt den Ball immer etwa 10 m nach rechts und links versetzt dem Partner zu. Dieser spurtet hinterher und spielt den Ball möglichst direkt zurück.

Nach 5 bis 8 Spurts erfolgt ein Rollenwechsel, dadurch entstehen von selbst aktive Erholungspausen.

25/30 **Ausklang**
- Es werden zwei Mannschaften gebildet und ein Spiel auf zwei Tore durchgeführt.
- Alle Spieler laufen sich 5 Minuten aus.

# D 4

**Ziele: Verbesserung von Technik und Ballgefühl**
**Verbesserung des Zusammenspiels**

| | | |
|---|---|---|
| 15/20 | **Einstimmen/Aufwärmen** | **TIPS FÜR DEN TRAINER** |
| | • Fangspiele<br>• Kettenfangen<br>• Selbstbeschäftigung mit dem Ball:<br>• Ball eng führen mit dem rechten und linken Fuß<br>• Ball führen mit Tempowechsel<br>• Ball führen und Einbau von Finten und Richtungsänderungen | Abbau des ersten Bewegungsdranges<br>Pro Spieler ein Ball<br>Nach 1 bis 2 Minuten Laufzeit folgt eine aktive Erholungspause.<br>Je Übung 3 bis 5 Wiederholungen |
| 25/30 | **Zusammenspiel** | |
| | Verschiedene Zuspielkombinationen innerhalb einer Gruppe<br>• 4 gegen 1 in einem abgegrenzten Feld<br>• 3 gegen 2: Ziel ist es, über die jeweilige Grundlinie zu dribbeln. | Fünfergruppe mit je einem Ball<br>Die vier Spieler versuchen mit möglichst wenig Ballkontakt auszukommen.<br>Nach einigen Minuten die Mannschaften neu zusammenstellen, da das Spielen in der Zweiergruppe sehr anstrengt. |
| | • Wir spielen 2 gegen 2 auf ein Tor (Fähnchentor) mit Torwart. | |
| 25/30 | **Ausklang** | |
| | Die Trainingseinheit endet mit einem Spiel auf zwei Tore.<br>Nach dem Spiel laufen alle Spieler etwa 5 bis 7 Minuten langsam aus. | Je nach Spielerzahl wird längs oder quer über den Platz gespielt. |

**Ziele: Stärkung der Technik**
**Verbesserung der Schnelligkeit**

# D 5

15/20 **Einstimmen/Aufwärmen**

- Ballführen im Mittelkreis
- Die vier Ecken oder auch kürzere Distanzen werden mit Zahlen benannt. Der Trainer ruft eine Zahl auf. Alle Spieler dribbeln dorthin und wieder zurück.
- Die gleiche Übung wie oben. Der Lauf zu den Ecken ist ein Spurt, der Rücklauf besteht aus langsamen Dribbeln.
- Komm mit - lauf weg! Gespielt wird mit und ohne Ball.

25/30 **Verbesserung der Schnelligkeit**

- Zwei Spieler (A und B) stehen sich im Abstand von etwa 20 m gegenüber, der dritte Spieler C mit dem Ball dazwischen. Spieler C dribbelt auf A zu, spielt den Paß usw. (fortlaufendes Anspielen und Übernehmen).
- Ausgangsform wie oben. Nur der Spieler in der Mitte bleibt über 30 bis 45 sec ununterbrochen im Einsatz: C dribbelt auf A, spielt A an, A läßt den Ball abprallen, C nimmt den Ball in der Drehung mit und dribbelt auf B zu usw.

25/30 **Ausklang**

Wir spielen mit zwei Mannschaften auf zwei Tore mit Torwart. Nach jedem erhaltenen Tor muß ein anderer Feldspieler ins Tor.
Alle Spieler laufen sich rund fünf Minuten aus.

**TIPS FÜR DEN TRAINER**

Jeder Spieler ist im Besitz eines Balles.

Laufentfernungen und Sprintbelastungen je nach Leistungsvermögen dosieren!

Es werden Dreiergruppen gebildet. Jede Gruppe erhält einen Ball.

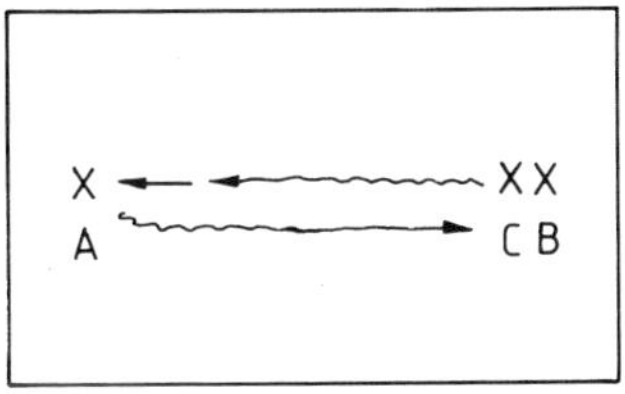


Zwischen den Übungen immer wieder Phasen der aktiven Erholung einschieben. Die Übungen sollten in mehreren Serien absolviert werden.

# D 6

**Ziele: Stoßtechniken**
**Verbesserung des Zusammenspiels**

| | | TIPS FÜR DEN TRAINER |
|---|---|---|
| 15/20 | **Einstimmen/Aufwärmen** | |
| | • In einem abgegrenzten Spielfeld versuchen 2 bis 3 Fänger möglichst viele Spieler abzuschlagen. Jeder Abgeschlagene spielt immer weiter mit. Welcher Fänger kann in einer bestimmten Zeit die meisten Spieler abschlagen? | Abbau des ersten Bewegungsdranges! Übungszeit 30 bis 45 Sekunden, dann neue Fänger bestimmen! |
| | • Das gleiche Spiel wie oben, nur mit einem Freimal; es darf z. B. niemand abgeschlagen werden, wenn er die Füße vom Boden abhebt. | z. B. Bauchlage, Schwebesitz, Handstand usw. |
| | • Das gleiche Spiel wie oben, zusätzlich werden 3 bis 4 Fußbälle ins Spiel gebracht. Wer den Ball am Fuß hat, kann nicht abgeschlagen werden. | Auf Zusammenspiel und geschicktes Zupassen achten! |
| 25/30 | **Stoßtechniken** | |
| | • Zupassen des Balles in der Bewegung mit der Innen- und Außenseite | Je zwei Spieler einen Ball! |
| | • Balltreiben über die gesamte Länge des Sportplatzes. Welcher Partner kann den anderen Spieler über die Grundlinie zurückdrängen? Diese Übung ist auch als Gruppenwettkampf möglich. | Der Ball wird aus der Hand mit Spannstoß (evtl. demonstrieren) möglichst weit zum Partner geschossen. Der Partner versucht ihn zu fangen oder anzunehmen und schießt von der Fangstelle zurück. |
| | • Zuspielen von Flugbällen über weite Distanzen vom Boden. Der Partner versucht, den Ball anzunehmen. | Zweiergruppe |

| | | |
|---|---|---|
| 25/30 | **Ausklang**<br>- Zehnerfang: Welche Mannschaft ist in der Lage, sich 10 Pässe zuzuspielen, ohne Ballberührung durch die andere Mannschaft?<br>- Spiel quer über den Platz<br>- Leichtes Auslaufen über 5 bis 7 Minuten | Die ballbesitzende Mannschaft spielt sich den Ball zu, die andere Mannschaft versucht den Ball zu berühren. Jeder Paß ohne Berührung des Gegners bringt einen Punkt. |

## D 7

**Ziele: Verbesserung des Ballgefühls**
**Verbesserung des Zusammenspiels**

| | | |
|---|---|---|
| 15/20 | **Einstimmen/Aufwärmen**<br>Eigenbeschäftigung mit dem Ball und dem Ziel der Technikverbesserung:<br>• den Ball jonglieren,<br>• den Ball hochspielen und wieder annehmen,<br>• dribbeln mit dem rechten und linken Fuß,<br>• Kopfball üben,<br>• Finten trainieren. | **TIPS FÜR DEN TRAINER**<br>Jeder Spieler besitzt einen Ball. |
| 30/40 | **Technikverbesserung an Stationen**<br>Es werden sechs verschiedene Übungsstationen eingerichtet:<br>Station 1: Ein Partner wirft den Ball zu, der andere köpft zurück.<br>Station 2: Der Ball wird in der Luft gehalten.<br>Station 3: Der vom Partner geworfene Ball wird sauber angenommen.<br>Station 4: Der Ball wird aus der Hand gespielt und per Drop-Kick ins Tor geschossen.<br>Station 5: Aus etwa 10 m erfolgen Zielschüsse durch 1 m breite Fähnchentore.<br>Station 6: Es wird ein Slalomdribbling durchgeführt. | Die Stationen werden in Partnerform absolviert.<br>Die Übungszeiten an jeder Station liegt zwischen 3 und 4 Minuten. Zwischen den Stationen kann eine Aktivpause eingeschoben werden. Beide Spieler spielen sich den Ball gegenseitig zu. |
| 20/25 | **Ausklang**<br>Es findet ein Spiel über die gesamte Platzfläche statt.<br>Zum Abschluß laufen sich die Mannschaften langsam aus. | |

| | | |
|---|---|---|
| 15/20 | **Einstimmen/Aufwärmen**<br>• Ballführen in einem begrenzten Feld.<br>• Durch gezielte Flachschüsse wird versucht, die Bälle der Mitspieler abzuschießen.<br>• Wir führen den Ball abwechselnd mit dem rechten und linken Fuß und wechseln dabei ständig das Tempo. | **TIPS FÜR DEN TRAINER**<br>Jeder Spieler besitzt einen Ball. |
| 30/40 | **Verbesserung der Balltechnik in der Partnerform**<br>• Zweikampf 1 gegen 1, Ball mit dem Körper abschirmen, sich im Zweikampf behaupten, ohne Tore<br>• Ball mit Einwurftechnik dem Partner zuwerfen; dieser verarbeitet den Ball in der Bewegung.<br>• Im Sprung einen zugeworfenen Ball köpfen<br>• Zu zweit einen Ball mit dem Fuß, Oberschenkel, Kopf usw. in der Luft jonglieren<br>• Direktes Zuspielen des Balles in der Bewegung<br>• Kurzes Sprinterduell mit dem Ball über 10 bis 15 m, zurück langsam traben<br>• Torschuß aus dem Dribbling mit dem Vollspann beidfüßig | Jedes Paar erhält einen Ball. Übungszeit pro Station ist etwa 3 bis 4 Minuten. |
| 25/30 | **Ausklang**<br>Zum Abschluß wird ein Kleinfeld-Turnier durchgeführt.<br>Nach dem Spiel einige Minuten auslaufen. | Wir spielen 2 gegen 2 oder 3 gegen 3 auf zwei kleine Fähnchentore. Nach 5 Minuten wechseln die Mannschaften, damit jede gegen jede spielen kann. |

# D 9

**Ziele: Verbesserung der Technik**

15/20 **Einstimmen/Aufwärmen**

Pendelstaffeln mit dem Ball:

- mit dem Ball zum gegenüberstehenden Partner dribbeln, den Ball übergeben und sich hinten anstellen,
- einen Slalomparcours durchlaufen,
- ein oder zwei Medizinbälle müssen zusätzlich getragen werden,
- an bestimmten Punkten gymnastische Übungen einbauen.

**TIPS FÜR DEN TRAINER**

Mehrere Staffeln stehen sich in einem Abstand von 10 bis 15 m gegenüber.

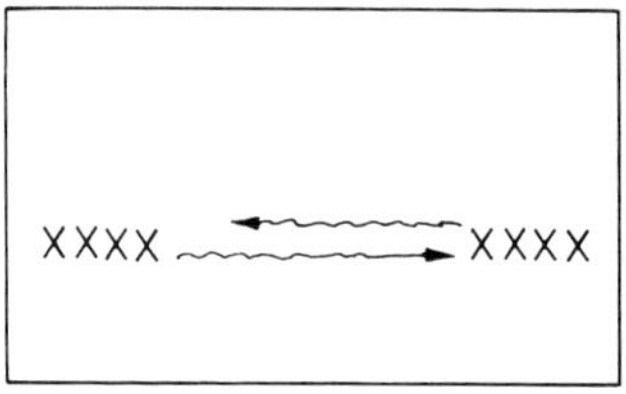


30/35 **Verbesserung der Technik**

- Wir spielen 1 gegen 1 auf zwei kleine Tore.
- In einem Abstand von etwa 5 m erfolgt ein Kopfballduell. Der Ball wird mit der Hand hochgeworfen und auf das Tor geköpft.
- Zwei entgegengesetzt stehende Spieler treiben sich mit Einwürfen quer über den Platz.
- Bälle, die über größere Distanzen zugeworfen werden, sollen sicher angenommen werden.
- Wir jonglieren mit dem Ball in Partnerform. Der Ball muß spätestens nach drei Berührungen an den Partner weitergegeben werden.
- Aus dem Dribbling tätigen wir Torschüsse. Nach etwa sieben Schüssen wird der Torwart Schütze.

Die Übungszeit liegt zwischen 3 bis 5 Minuten. Nicht die aktive Erholung vergessen!

30/35 **Ausklang**

Wir beginnen mit Pendelstaffeln, bei denen gleichzeitig immer ein Ball gedribbelt wird.

Dann folgt ein Spiel quer über den Platz.

Zum Abschluß laufen wir aus.

Bei der Siegerstaffel wird die Laufstrecke jeweils um 1 m verlängert.

**Ziele: Verbesserung der Technik unter Wettkampfbedingungen Verbesserung des Zusammenspiels und des taktischen Verhaltens**

# D 10

| | | |
|---|---|---|
| 15/20 | **Einstimmen/Aufwärmen**<br>Die Kinder beschäftigen sich selbst mit dem Ball. Dabei werden die bisherigen Übungen angewandt und neue Übungen erfunden. | **TIPS FÜR DEN TRAINER**<br>Jeder Spieler hat einen Ball. |
| 30/45 | **Fußball-Turnier mit aufbauender Tendenz**<br>Unter Wettkampfbedingungen werden nun die Techniken angewandt:<br>• Spiel 1 gegen 1 auf zwei kleine Tore,<br>• Spiel 2 gegen 2, ebenfalls auf zwei kleine Tore,<br>• Spiel 4 gegen 4, ebenfalls mit Fähnchentoren,<br>• Spiel 8 gegen 8 auf Schülertore. | Die Spielzeit beträgt 3 bis 5 Minuten. Die Spielpartner jeweils auswechseln. Das Spielfeld entsprechend der Anzahl der Mitspieler vergrößern.<br><br>Es wird quer über den Platz gespielt. |
| 15/20 | **Ausklang**<br>Heute beschließen wir die Trainingseinheit mit einigen Partnerübungen:<br>• Hahnenkampf,<br>• Kampf gegeneinander auf einem Bein stehend,<br>• Zieh- und Schiebekämpfe,<br>• Kampf im Liegestütz, nebeneinander liegend muß der Nebenmann umgeworfen werden.<br>Zum Abschluß wieder fünf Minuten auslaufen! | Diese Partnerübungen bringen Freude, kräftigen die Muskulatur und schulen die Gewandtheit. |

**Ziele: Technikverbesserung an Stationen
Zweikampfschulung**

10/15 **Einstimmen/Aufwärmen**
Jeder Spieler beschäftigt sich selbst mit dem Ball:
- Dribblings mit dem Ball;
- Tempowechsel, den Ball dabei mit rechts oder links führen;
- Ball hochspielen und mitnehmen;
- Tricks und Finten einüben.

25/30 **Verbesserung der Technik**
- Absolviert wird ein Slalomdribbling mit dem linken und rechten Fuß, mit der Innen- und der Außenseite.
- Der Ball wird mit dem Fuß, dem Oberschenkel, dem Kopf, der Hacke usw. jongliert und in der Luft gehalten.
- Es werden je 10 Torschüsse bei ruhendem Ball mit dem rechten und linken Fuß auf das Tor abgegeben. Der Abstand sollte etwa 11 m betragen.

20/25 **Ausklang**
Gespielt wird über den ganzen Platz mit folgenden Schwerpunkten:
- Doppelpässe spielen,
- Torschüsse auch mit dem schwachen Fuß,
- Mitnahme des Balles mit Oberschenkel und Kopf,
- Dribbling über mindestens 10 m.

**TIPS FÜR DEN TRAINER**
Jeder Spieler hat einen Ball.

Trainer gibt Anregungen durch Mittun!

An jeder Spielstation wird etwa 5 Minuten geübt. Die Gesamtgruppe wird in zwei Mannschaften aufgeteilt. Die eine absolviert die Stationen, die andere Mannschaft spielt 1 gegen 1 auf kleine Tore.

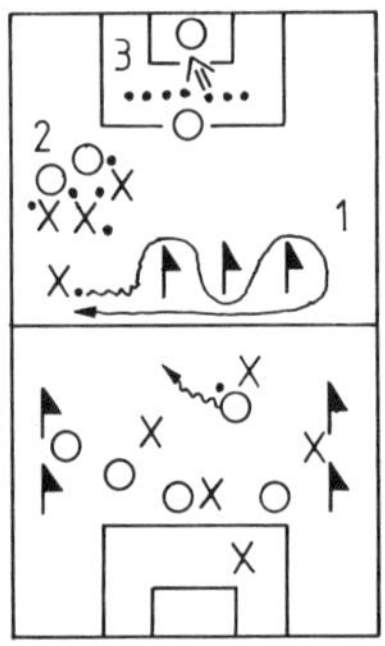

**Ziele: Verbesserung des Zusammenspiels**
**Verbesserung der Schußtechniken**

# D 12

10/15 **Einstimmen/Aufwärmen**

- Zuspielkombinationen frei im Raum, Doppelpässe, weite Pässe, Kurzspiel
- Beim Üben obiger Zuspielkombinationen stören 2 bis 3 Spieler im ganzen Feld.
- Welches Paar schafft zuerst 10 direkte Pässe?
- Welcher Zerstörer hat zuerst 10 Bälle abgefangen?

25/30 **Torschuß und Zusammenspiel**

- Spieler A dribbelt von der Mittellinie auf das Tor, B folgt ihm. A täuscht einen Schuß vor, legt aber mit der Sohle für B den Ball zurück. B schießt auf das Tor. Nach jeder Übung erfolgt Rollenwechsel.
- A paßt den Ball schräg (in Richtung Eckfahne) vor. B spurtet hinterher, legt den Ball zurück, und A schießt auf das Tor.
- A steht 20 bis 25 m vor dem Tor und erhält von B den Ball zugespielt. A nimmt den Ball an, es folgt eine schnelle Drehung oder ein kurzes Dribbling. Dann erfolgt der Torschuß.
- A steht 20 bis 25 m vor dem Tor und erhält von B den Ball zugespielt. A nimmt den Ball an und will auf das Tor schießen. Doch B spurtet dem Ball hinterher und versucht ihn A abzujagen.

20/25 **Ausklang**

Gespielt wird ein Turnier in Kleingruppen. Abschließend paarweise auslaufen!

**TIPS FÜR DEN TRAINER**

Es bilden sich Paare. Jedes Paar erhält einen Ball.

Hier geht es um peripheres Sehen, immer Blickkontakt zu den Zerstörern halten! Sauberes und genaues Zuspiel zum Partner ist erforderlich.

Auch bei diesen Übungen auf Beidfüßigkeit achten!

Wichtig ist das richtige Timing eines jeden Passes.

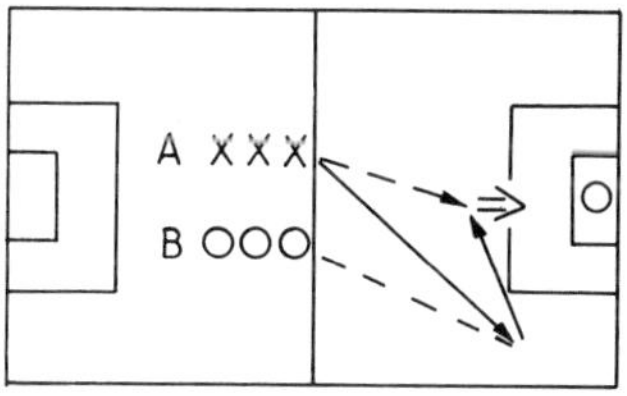

**Ziele:** **Technikschulung und Torschuß**
**Dribbling und konditionelle Aspekte**



15/20 **Einstimmen/Aufwärmen**

- Dreierfang: Es finden sich jeweils drei Spieler zusammen, die durchnumeriert werden. Eins fängt zwei, drei hat Pause. Zwei fängt drei und eins hat Pause usw.
- Kombinationen in der Dreiergruppe mit folgenden Aufgabenstellungen:
  - beliebiges Kombinieren,
  - Abspiel in festgelegter Reihenfolge,
  - nach dem Abspiel folgt ein Kopfballsprung, eine ganze Drehung, ein Liegestütz usw.

25/30 **Torschuß aus dem Dribbling**

- Dribbling von der Mittellinie und Torschuß ca. ab der Strafraumgrenze
- Dribbling von der Mittellinie und Torschuß ca. ab der Strafraumgrenze mit Anspielstationen, wobei derjenige, der geschossen hat, in der Höhe der 16 m Linie steht. Nach dem Doppelpaß mit Torschuß wird der Schütze Anspieler.
- Wie vorher! Der Anspieler spielt den Ball zurück und wird dann zum teilaktiven Gegenspieler.

30/35 **Ausklang**

Abschließend findet ein Spiel 7 gegen 7 statt oder 8 gegen 8 über den ganzen Platz. Tore, die durch einen Doppelpaß erzielt werden, zählen doppelt. Das Auslaufen besteht in freien Balldribbling im Raum. Es geht um Raumorientierung. Zusammenstöße müssen vermieden werden.

**TIPS FÜR DEN TRAINER**

Es bilden sich Dreiergruppen. Die Spielfläche wird begrenzt, und Berührungen sind zu vermeiden.

Jeder Spieler besitzt einen Ball. Beim Torschuß immer die Beidfüßigkeit schulen.

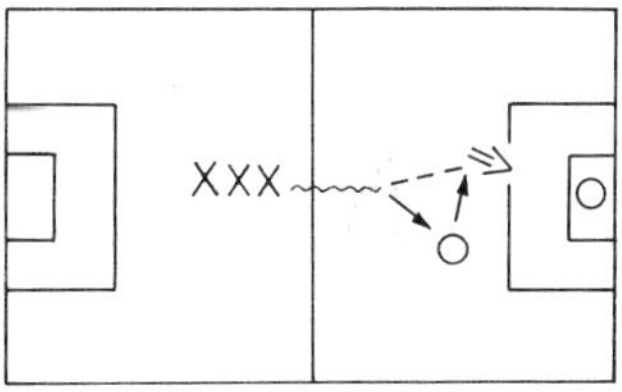


Jeder Spieler hat einen Ball.

# C 2

**Ziele: Verbesserung des Zusammenspiels**
**Stärkung konditioneller Aspekte**

15/20 **Einstimmen/Aufwärmen**

- Geübt wird das Überzahl-/Unterzahlspiel, wie z. B. 5 gegen 3. Dabei wird die Anzahl der Ballkontakte jeweils nach dem Spielniveau der Spieler festgelegt.
- Schwerpunkte beim Überzahl-/Unterzahlspiel können sein: Begrenzung der Ballkontakte, gesamte Feldbreite nutzen, Spiel über Außen laufen lassen, Doppelpässe spielen usw.

25/30 **Kondition**

- Spielerpaare bewegen sich locker trabend in einem begrenzten Feld. A wirf einen Medizinball zu B, der ihn fängt und wieder zurückwirft.
- Medizinball wird als Einwurfübung zugeworfen.
- Der Medizinball wird durch die gegrätschten Beine dem Mitspieler zugeworfen.
- Die Partner spielen sich den Medizinball zu. Nach dem Abwurf erfolgt eine Übung wie Liegestütz, Kurzsprint, Hocke, Strecksprung, Rolle vorwärts usw.
- Ein Spieler wirft den Medizinball hoch. Es folgt ein Zweikampf um den herunterfallenden Ball.
- Gespielt wird Raufball in einem begrenzten Feld.

30/35 **Ausklang**

Es folgt ein Spiel über den ganzen Platz. Danach laufen beide Mannschaften etwa 7 bis 8 Minuten aus.

**TIPS FÜR DEN TRAINER**

Verbesserung der allgemeinen Kondition durch Arbeit mit dem Medizinball. Dies geschieht in Form von Partnerübung. Jedes Paar erhält einen Ball. Die Dauer der Belastung pro Übung liegt zwischen 1 und 2 Minuten.

Nach Absolvieren der Übungen 1 bis 6 wird 5 Minuten lang auf kleine Tore gespielt. Dann folgt der nächste Durchgang.

**Ziele: Verbesserung der allgemeinen Kondition**
**Verbesserung des Kombinationsspiels**



**TIPS FÜR DEN TRAINER**

15/20 **Einstimmen/Aufwärmen**

- Selbsttätigkeit mit dem Ball unter den Aspekten Richtungswechsel, Tempowechsel, enge Ballkontrolle,
- Alle Bälle liegen in einem abgegrenzten Feld (z. B. Strafraum). Die Spieler stehen außerhalb. Auf Zeichen des Übungsleiters startet der erste, dann der zweite usw. und berührt alle Bälle mit der Hand.
- Die Ausgangsposition ist die gleiche wie oben. Nun laufen alle Spieler gleichzeitig los und berühren alle Bälle mit der Hand.

Es erfolgt ein Sprint von Ball zu Ball.

- Die gleiche Übung kann auch als Staffel gelaufen werden.

25/30 **Verbesserung der Kondition und des Zusammenspiels**

- Der Medizinball wird hochgeworfen und im Sprung gefangen.
- Wir beschreiben Achterkreise mit dem Medizinball durch die gegrätschten Beine.
- Über den am Boden liegenden Medizinball werden seitliche Schlußsprünge gemacht.

Zwischen der Konditionsarbeit und dem Spiel auf kleine Tore findet jeweils ein Wechsel statt. Die Einzelarbeit mit dem Medizinball dauert pro Übung etwa 1 bis 2 Minuten.

- Der Medizinball wird zwischen die Füße geklemmt, hochgescheppert und mit den Händen aufgefangen.
- Der Medizinball wird durch die gegrätschten Beine geworfen und wieder aufgefangen.
- Wir spielen 4 gegen 4 oder 5 gegen 5.

Die konditionelle Verstärkung sollte im Spiel Anwendung finden.

30/35 **Ausklang**

Es folgt ein Spiel über den ganzen Platz und 8 Minuten Auslaufen.

# C 4

**Ziele: Verbesserung der Technik (Dribbeln, Flanken) Torschuß**

15/20 **Einstimmen/Aufwärmen**

Es wird in Zweiergruppen miteinander kombiniert. Dabei werden vor allem Finten, Täuschungen, Zuspiel über kurze und weite Distanzen geübt.

25/30 **Flanken und Torschuß**

- Partner A dribbelt im Slalom durch einen Fähnchenparcours, flankt aus dem Lauf zu Partner B. Dieser versucht mit einem Torschuß abzuschießen.
  Die Flanken können mit dem Fuß, aber auch mit dem Kopf verarbeitet werden.
- Der Einstieg erfolgt wie bei der obigen Aufgabe. Doch diesmal stehen vor dem Tor mehrere Angreifer, die ein Tor erzielen wollen.
- Diesmal dribbelt der Spieler durch einen Slalomparcours und schließt mit einem Torschuß ab. Alle Übungen mit beiden Füßen üben!

30/35 **Ausklang**

Es wird ein Kleinfeldturnier gespielt mit Fähnchentoren und ohne Torwart. Das Turnier geht von 2 gegen 2 über 3 gegen 3 bis zu 4 gegen 4. Nach dem Turnier erfolgt ein Auslaufen der gesamten Mannschaft.

**TIPS FÜR DEN TRAINER**

Jedes Paar erhält einen Ball.

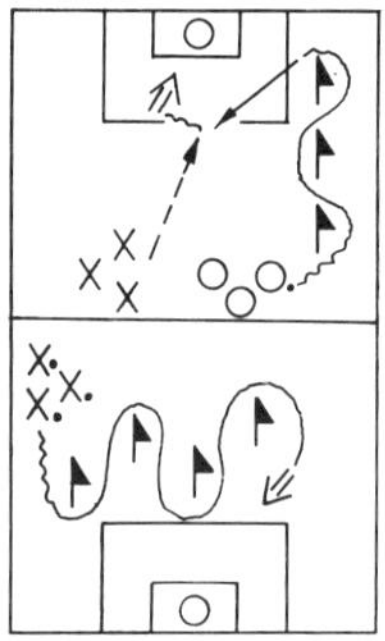

Nach jeweils 5 Minuten wechseln die Mannschaften.

**Ziele:** **Verbesserung der Technik im Umgang mit dem Ball**
**Stärkung des Zusammenspiels**



15/20 **Einstimmen/Aufwärmen**

- Handkopfball: Gespielt wird auf zwei Tore. Der Ball wird mit der Hand zugespielt. Das Tor muß allerdings mit dem Kopf erzielt werden.
- Jägerball: Je nach Gruppengröße werden 3 bis 5 Spieler als Jäger benannt. Sie haben die Aufgabe, die anderen abzuwerfen. Der getroffene Spieler wird zum Jäger.

25/30 **Technikverbesserung, Spieltaktik zur Förderung des Zusammenspiels**

- Der Ball wird mit der Innenseite, dem Spann, dem Außenspann zugespielt.
- Der Ball wird in einer festgelegten Reihenfolge zugespielt bei beliebig vielen Ballberührungen, bei nur zwei Kontakten, im direkten Spiel.
- Eins wirft ein zu zwei, zwei köpft zu drei, drei nimmt den Ball an und mit und wirft jetzt mit Einwurf zu eins usw.
- Wir trainieren 1 plus 1 gegen 1 im freien Raum. Es geht um das Freilaufen.
- Gespielt wird 2 gegen 1 auf begrenztem Raum mit Wechsel nach Ballberührung.
- Gespielt wird 2 gegen 1 auf ein Fähnchentor. Bei Torerfolg erfolgt Rollenwechsel.

30/35 **Ausklang**

Spiele auf dem Kleinfeld in Leistungsgruppen.
Etwa 8 Minuten Auslaufen.

**TIPS FÜR DEN TRAINER**

Varianten: Es darf nicht mit dem Ball in der Hand gelaufen werden. Beim Spiel im begrenzten Raum bietet sich immer der 16-m-Raum an.

Bildung von Dreiergruppen.
Pro Gruppe ein Ball

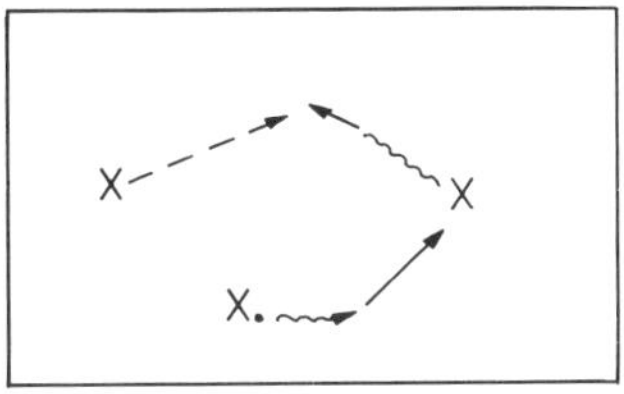


Ein Zuspieler, ein Angreifer, ein Verteidiger. Der Angreifer versucht sich durch Täuschungen und schnellem Antritt vom Verteidiger zu lösen. Dann erfolgt Zuspiel und Rückpaß zum Angreifer.

# C 6

**Ziele: Technik- und Taktikverbesserung**
**Konditionstraining in Spielform**

15/20 **Einstimmen/Aufwärmen**

- Jeder Spieler beschäftigt sich selbst mit dem Ball.
- Es folgt eine Zuspiel-Sprint-staffel. Die Mannschaft A nimmt in Gassenform Aufstellung und paßt sich den Ball direkt zu.
  Jeder Paß wird gezählt. Währenddessen spurtet ein Spieler der Mannschaft B um das ganze Feld. Wieviel Pässe schafft Mannschaft A, ehe Mannschaft B einen Durchgang um das Feld absolviert hat? Danach erfolgt Rollenwechsel.

**TIPS FÜR DEN TRAINER**

Jeder Spieler erhält einen Ball.

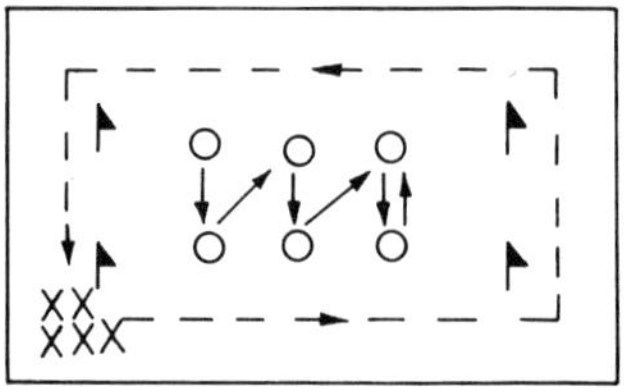

Variante: Es wird auf Zeit gepaßt und gelaufen.
Hier ist ein mehrmaliger Wechsel mit aktiver Erholungsphase nötig.

25/30 **Technik- und Taktikverbesserung**

Es werden drei Mannschaften A, B, C mit jeweils drei Spielern gebildet.
Es wird auf zwei kleine Tore gespielt. Mannschaft A spielt gegen Mannschaft B; die Spieler der Mannschaft C spielen immer bei der ballbesitzenden Mannschaft mit, so daß immer 6 gegen 3 gespielt wird.

- Bei der Überzahlmannschaft sind nur ein oder zwei Pässe erlaubt.
- Wie lange kann sich die Überzahlmannschaft am Ball behaupten?

Bildung von Neunergruppen.

Auch andere Zahlenverhältnisse sind möglich. Dabei spielt die Zahl der Spieler eine Rolle.

30/35 **Ausklang**

Es kommen diesmal zum Ausklang Staffeln zur Durchführung. Sie dürfen durchaus lustigen Charakter haben, z. B. wenn jeder Spieler zur gleichen Zeit mit zwei Bällen dribbeln muß.
Nicht das Auslaufen vergessen!

Die Staffeln sind als Umkehr- und Pendelstaffeln möglich.
Die Laufstrecke sollte zwischen 10 und15 m liegen.

**Ziele: Verbesserung konditioneller Aspekte**

# C 7

15/20 **Einstimmen/Aufwärmen**

- Eigentätigkeit mit dem Ball unter den Aspekten der Richtungsänderung, des Täuschungsmanövers, des Tempowechsels und der beidfüßigen Spielweise
- Schattendribbling in der Zweiergruppe mit Rollenwechsel

25/30 **Verbesserung der Kondition und des Zusammenspiels**

- Partner A geht in Bankstellung. Spieler B überspringt ihn und kriecht unten durch. Nach 5 bis 10 Wiederholungen erfolgt Wechsel.
- Die beiden Spieler sitzen Rücken an Rücken mit beiden Armen untergehakt. Jeder versucht, den anderen auf seine Seite zu ziehen.
- Partner A macht Bockspringen über Spieler B, kriecht durch die gegrätschten Beine, und das 5 bis 10 mal. Dann erfolgt ein Wechsel.
- Kosakentanz in der tiefen Hocke mit Handhaltung durch den Partner wird geübt.
- Es folgt der Hahnenkampf.
- Paß-Zerstörer: In einem abgegrenzten Raum spielen sich die Paare den Ball zu. Je nach Spielerzahl werden 3 bis 5 Zerstörer (durch ihr Trikot erkennbar) bestimmt. Sie versuchen die Zuspiele der Paare zu verhindern.

30/35 **Ausklang**

Wir spielen Fußball auf 4 Tore.
Abschließend 5 Minuten auslaufen!

**TIPS FÜR DEN TRAINER**

Pro Spieler ein Ball

Pro Paar ein Ball

Diese Übungen sind auch als Circuit-Rundgang durchführbar.

Paarbildung, pro Paar ein Ball
Schulung des peripheren Sehens (im Blick die gesamte Spielsituation)
Ständiger Wechsel zwischen Partnerübungen und Zerstörerspiel

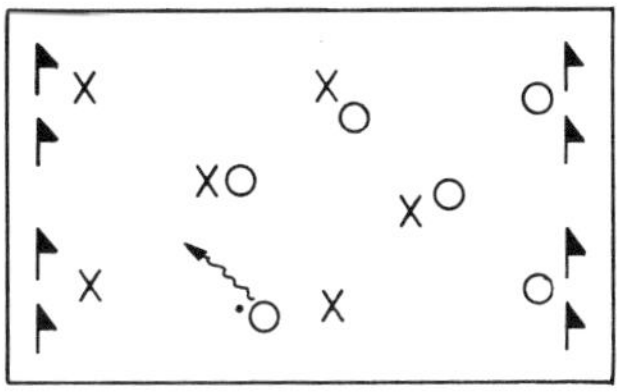

# C 8

**Ziele:** **Verbesserung des Ballgefühls**
**Verbesserung der Schnelligkeit mit dem Ball**
**Dribbling**

15/20 **Einstimmen/Aufwärmen**

- Wir üben freies Dribbling im Raum.
- Atomspiel: Der Übungsleiter ruft eine Zahl. Die Spieler finden sich in der gerufenen Stärke zusammen.
- Schattendribbling: Der vordere Spieler mit dem Ball versucht seinen Schatten (auch mit Ball) abzuhängen.

**TIPS FÜR DEN TRAINER**

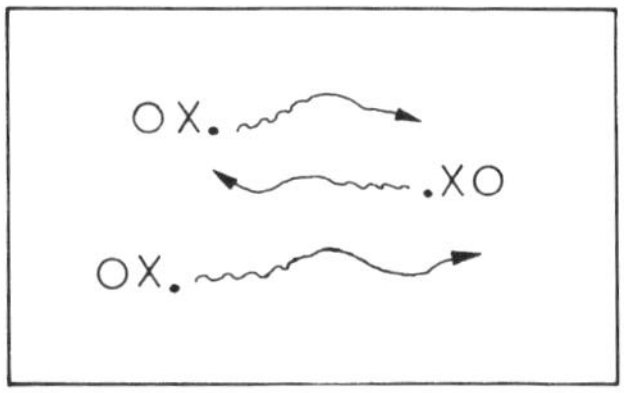

25/30 **Technikverbesserung und Schnelligkeit mit dem Ball**

Aufgabenstellung im Raum: beidfüßiges Ballführen, Ball jonglieren, Täuschungen ohne Zusammenstöße einbauen usw.
Auf Zeichen des Trainers schneller Wechsel in einen anderen Raum.

- Variante: Es bilden sich zwei Gruppen. Jede Gruppe übt in einem eigenen Spielraum. Auf Zeichen erfolgt Wechsel.
- Variante: Zwischen den beiden Spielräumen wird mittels Fähnchen eine enge Gasse (3 bis 4 m) gesteckt, die beim Wechsel durchdribbelt werden muß.
- Variante: An jeder Ecke des Spielraumes steht eine Gruppe. Daher gibt es ein Verfolgungsrennen um das Spielviereck. Diese Übung ist auch in Staffelform möglich.

Es werden zwei Quadrate in der Größe 10 bis 15 m Seitenlänge abgesteckt. Die beiden Räume sind etwa 30 m voneinander entfernt.
Spurt über rund 30 m!

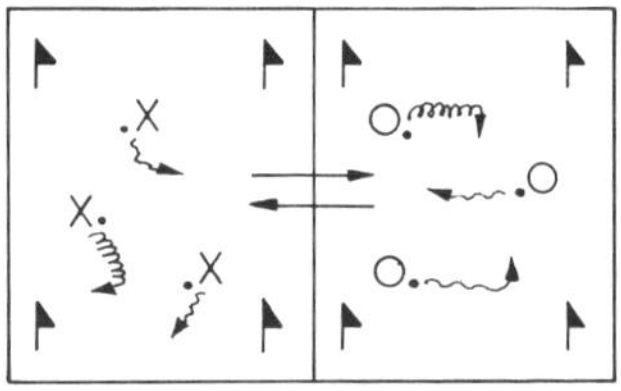

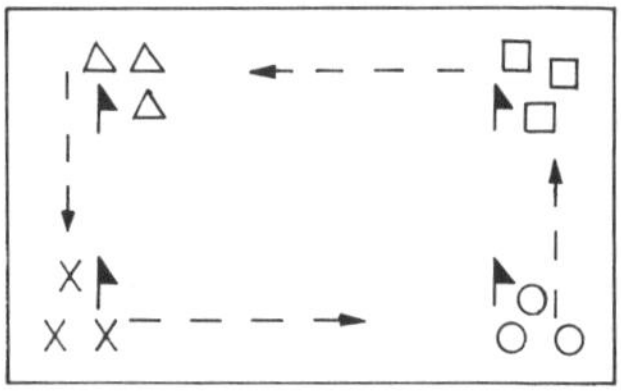

| | | |
|---|---|---|
| 25/30 | **Ausklang**<br>Spielturnier: Vornamen A bis K gegen Vornamen L bis Z. Bei Ungleichheit muß der Schnitt vielleicht an einer anderen Stelle vollzogen werden. Etwa 8 Minuten langsam laufen. | |

**Ziele:** **Verbesserung der Ballbehandlung**
**Verbesserung des taktischen Spielverhaltens**

15/20 **Einstimmen/Aufwärmen**
Wir beginnen mit Zuspielkombinationen in der Zweiergruppe:
- Wir spielen Doppelpässe.
- Wir spielen Flugbälle, nehmen sie an und führen sie mit.
- Wir fordern das Zuspiel des Balles, indem wir einen Spurt anziehen.

40/50 **Verbesserung des taktischen Spielverhaltens**
- Wir spielen 3 gegen 2 oder 5 gegen 3 mit folgenden Schwerpunkten für die Überzahlmannschaft: Ballkontrolle begrenzen, direktes Abspiel, Spiel über die Außen unter Beachtung der gesamten Feldbreite, Doppelpässe spielen.
  Schwerpunkte für die Unterzahlmannschaft sind: möglichst langer Ballbesitz, sich am Ball behaupten, Konter spielen.
- Der Wechsel der Mannschaften erfolgt nach einem Zeitraum von 5 bis 10 Minuten. Zwischen den Spielen gibt es mit technischen Übungen (Ball hochhalten, jonglieren, usw.) eine aktive Erholungszeit.

20/25 **Ausklang**
Es folgt ein Spiel über den gesamten Platz. Diesmal spielt blond gegen schwarz (natürlich bezogen auf die Haare).
Nach dem Spiel endet die Trainingseinheit mit dem Auslaufen.

**TIPS FÜR DEN TRAINER**
Zwei Spieler erhalten einen Ball.

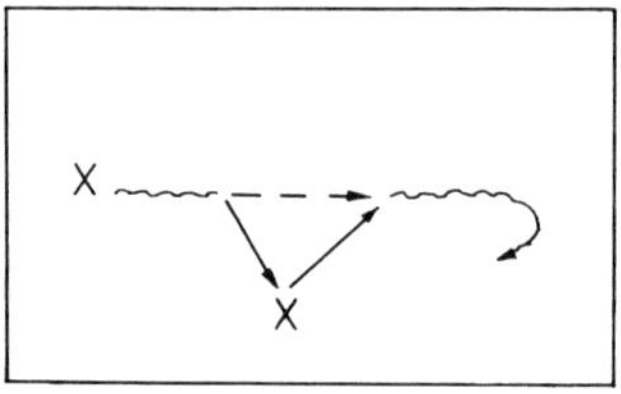

Die Gruppenzusammensetzung erfolgt bei Über- gegen Unterzahlspielen entsprechend der Gruppengröße.

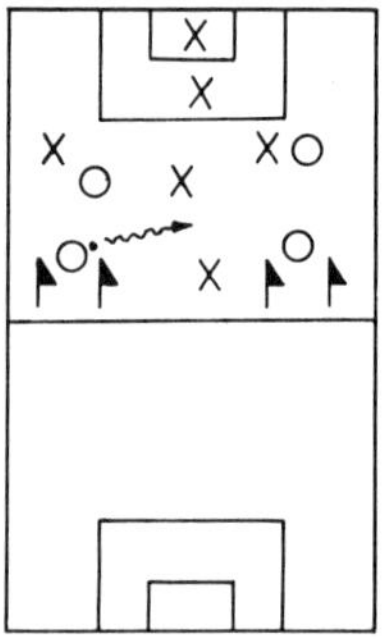

15/20 **Einstimmen/Aufwärmen**
Lockeres Traben quer über den Platz mit folgenden Aufgabenstellungen:
- locker traben,
- Tempo steigern,
- Steigerungsläufe,
- Hopserlauf mit Armeinsatz,
- Sprints mit Drehungen,
- Vorwärts- und Rückwärtslaufen auf Zeichen des Trainers,
- Sprungläufe,
- Schlußsprünge,
- Anfersen.

25/30 **Torwarttraining**
- A und B schlagen Flanken vor das Tor. Die Spieler D bewegen sich vor dem Tor und versuchen die Flanken zu verwandeln.
- Die gleiche Übung kann ohne und mit ein bis zwei Abwehrspielern gemacht werden.
- Die Spieler C schießen auf das Tor. Die Spieler D versuchen dabei, dem Torwart die Sicht zu nehmen.
- Abschließend gibt es einen ständigen Wechsel zwischen Torschüssen aus der Mitte und Flanken von den beiden Seiten.

30/35 **Ausklang**
In kleinen Mannschaften (4 gegen 4 oder 5 gegen 5) wird Handball gespielt. Der Ball darf aber nur mit einem Kopfball ins Tor befördert werden.
Abschließend laufen alle rund 8 Minuten aus.

**TIPS FÜR DEN TRAINER**
Obwohl im Jugendbereich das gesamte Training mit dem Ball schwerpunktmäßig betrieben werden soll, ist es hin und wieder vertretbar, auch für einige Minuten auf den Ball zu verzichten.

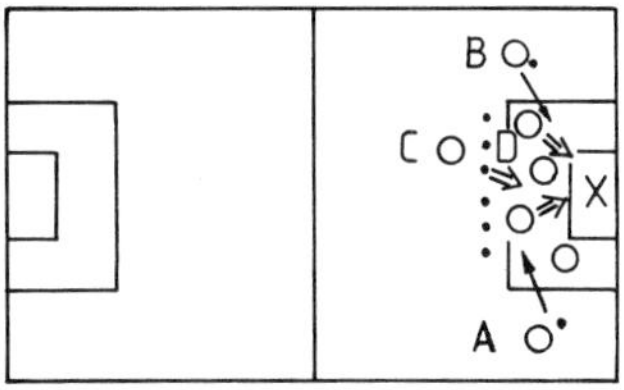


Jedes Torwarttraining ist gleichzeitig auch Übung für die Stürmer und das Torschußtraining. Aus jeder der Positionen werden mindestens 10 Bälle gespielt, dann werden die Rollen gewechselt.

# C11

**Ziele: Technikverbesserung in der Gruppe**

15/20 **Einstimmen/Aufwärmen**
In mehreren Gruppen wird Handball gespielt. Die Tore dürfen allerdings nur als Kopfballtore erzielt werden. Die Mannschaftsstärke kann zwischen 4 und 5 Spielern je Mannschaft liegen.

25/30 **Technikverbesserung in Partnerform**

Ü 1: Ball jonglieren - Wer ist der bessere?
Ü 2: Schattendribbling im Zick-Zack-Kurs mit Wechsel nach jeder Runde
Ü 3: Kopfball, den zugeworfenen Ball zurückköpfen
Ü 4: Torschuß mittels Drop-Kick
Ü 5: Innenseitenstoß durch ein kleines Tor, möglichst direkt
Ü 6: Hüftdrehschuß auf das Tor mit einem zugeworfenen Ball
Ü 7: einen zugeworfenen Ball an- und mitnehmen
Ü 8: Einwürfe in Partnerform

30/35 **Ausklang**
Ein Spiel über den ganzen Platz soll sich anschließen. Dabei spielen die Mittelfeldspieler gegen eine Kombination von Abwehr- und Angriffsspieler. Zum Abschluß folgt ein Auslaufen von 8 bis 10 Minuten.

**TIPS FÜR DEN TRAINER**

Pro Paar ein Ball
Der Ball wird von Station zu Station mitgenommen.
Bei großen Übungsgruppen muß jede Station doppelt aufgebaut werden.
Auf saubere Ausführung der Übungen achten. Keinen Wettkampfdruck ausüben! Die Übungszeit beträgt 3 bis 5 Minuten.

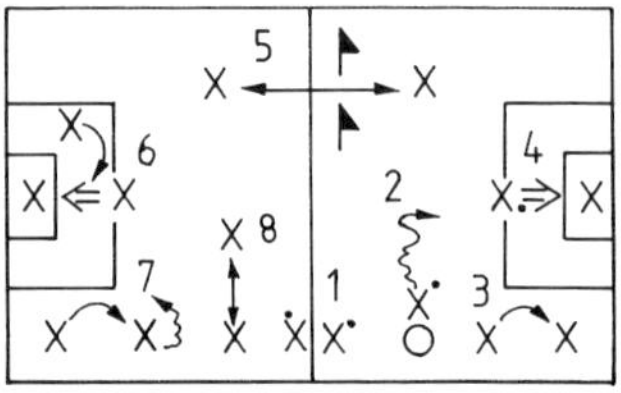

**Ziele: Verbesserung der allgemeinen Kondition**
**Verbesserung der Gewandtheit und Beweglichkeit**

# C 12

15/20 **Einstimmen/Aufwärmen**
Trainiert werden verschiedene Zuspielkombinationen im langsamen Trab mit dem Ball:

- Pässe mit dem linken und rechten Fuß,
- Pässe mit dem Innen- und Außenriß,
- Doppelpässe mit Ballannahme und Weiterspiel,
- Doppelpässe mit direktem Weiterspiel.

25/30 **Verbesserung von Kondition, Gewandtheit und Geschicklichkeit**

- den Medizinball im lockeren Trab zum Partner werfen
- Medizinball zuwerfen, der Partner fängt im Sprung
- Medizinball in Einwurfform zum Partner werfen
- Medizinball rückwärts durch die gegrätschten Beine zum Partner werfen
- Medizinball zwischen den Füßen einklemmen und zum Partner scheppern
- Medizinball zum Partner passen, dann schnell einen Liegestütz oder einen Kopfballsprung ausführen
- Gespielt wird Raufball mit 1 gegen 1 in einem abgegrenzten Feld auf ein kleines Tor.

30/35 **Ausklang**
Ein Spielturnier auf kleine Tore beendet die Trainingseinheit. Der Torschütze einer Mannschaft wechselt direkt in die gegnerische Mannschaft.
5 bis 8 Minuten auslaufen!

**TIPS FÜR DEN TRAINER**
Es bilden sich Paare. Jedes Paar besitzt einen Ball.

Jeweils zwei Spieler üben gemeinsam mit dem Medizinball. Die Übungen können auch als Stationsbetrieb durchlaufen werden.

## 3.3 Wir spielen Leistungsfußball (14 bis 18 Jahre)

Mit dem Abschluß der Pubertät verbessert sich wieder die Koordinationsfähigkeit. Diese zweite puberale Phase dauert etwa bei den Jungen vom 15. bis 18. Lebensjahr, bei den Mädchen endet sie ein Jahr früher. Eine körperliche Reharmonisierung tritt ein. Das Breitenwachstum des Körpers holt auf und die Motorik wirkt wieder ausgeglichener. Der Jugendliche erlebt ein zweites „goldenes Lernalter". In dieser Phase können wieder neue Techniken und Bewegungsabläufe unter dem Leistungsaspekt erarbeitet werden.

### Allgemeine Trainingshinweise

Im Bereich der Technik werden nun Spiel- und Übungsformen mit Wettkampfcharakter angeboten. Dabei spielen Druck durch Zeit und Gegner eine Rolle. Ebenfalls werden die positionsspezifischen Fußballtechniken geübt. Hierbei kommt es auf Präzision und Temposteigerung an. Schließlich soll die gesamte Technik perfektioniert werden, und die Suche nach einem persönlichen Spielstil beginnt.

Im Bereich der Taktik kommt neben der Praxis im Training das Entwickeln und Besprechen von Spielzügen auf dem Video und an der Tafel hinzu. Dabei sollen zu den Spielzügen möglichst Alternativen entwickelt werden. Sind die verschiedenen taktischen Möglichkeiten in der Theorie verarbeitet, beginnt die Umsetzung in die Praxis, die dann größeren Erfolg verspricht. Dabei werden z. B. Zweikampfverhalten, Tempowechsel, Spielverlagerung und anderes mehr trainiert.

Geht es um den konditionellen Aspekt, so kann damit etwa ab dem 16. Lebensjahr begonnen werden. Hier liegt auch der Beginn für ein Maximalkrafttraining (Verknöcherung der Epiphysenfugen). Aber auch hier sollte statische Haltearbeit nach Möglichkeit vermieden werden. Im Bereich des speziellen Krafttrainings sollen nun auch Schnelligkeit, Schnellkraft und Ausdauer sportartspezifisch forciert werden. So kann das Schnelligkeitstraining in dieser Altersstufe dem der Erwachsenen entsprechen. Besonderer Wert muß auf das Training der Schnelligkeitsausdauer gelegt werden, um die Spieler an Höchstleistungen heranzuführen.

Mit Blickrichtung auf den Leistungsfußball ist ein gesondertes Konditionstraining ab dem 15. Lebensjahr erforderlich. Die Kondition kann auf dieser Leistungsebene nur durch ein spezielles Konditionstraining optimal ausgebildet werden. Nach Gero Bisanz können durch ein rein spielerisches Fußballtraining nicht alle notwendigen Komponenten in dem erforderlichen Maß trainiert werden.

### Die Rolle des Trainers

Bei dieser Altersstufe muß sich der Trainer als ein versierter Fachmann dem Jugendlichen zeigen.

- Es ist wichtig, daß er den Jugendlichen als eine Persönlichkeit akzeptiert.
- Der Trainer muß dem Spieler im Rahmen seiner Möglichkeiten Verantwortung übertragen.
- Er sollte mit den Spielern Gespräche führen, z. B. über die taktische Einstellung beim nächsten Spiel.
- Für den Spieler ist es wichtig, daß der Trainer ihm als Ratgeber in Problemsituationen zur Verfügung steht und für solche Befindlichkeiten bei Jugendlichen ein gutes Auge und ein offenes Ohr hat.
- Der Trainer muß versuchen, grundsätzlich eine positive Stimmung in der Mannschaft zu erzeugen, besonders dann, wenn es zu kritischen Situationen kommt.
- Steht der Spieler am Ende seiner Jugendspielzeit, muß der Trainer helfen, den Übergang in die Seniorenmannschaft zu finden.
- In dieser Phase entwickelt sich im technisch/taktischen Bereich verstärkt der persönliche Stil eines Spielers. Diese Entwicklung sollte der Trainer fördern, aber zugleich Fehler ausmerzen, damit sie sich nicht stabilisieren.

**Ziele: Verbesserung der technischen Fertigkeiten**
**Verbesserung des taktischen Verhaltens und**
**Herausspielen von Torsituationen**



20/25 **Einstimmen/Aufwärmen**
- Zuspielkombinationen
- Jonglieren mit dem Ball
- Ball hochhalten mit zwischenzeitlicher Belastung, wie z. B. Partner A jongliert mit dem Ball, B setzt sich hin und steht wieder auf, erhält den Ball von A, der sich jetzt hinsetzt
- weites Zuspiel mit Flugbällen, Ball sauber an- und mitnehmen
- Partner A spielt den Ball immer direkt zu, Partner B dribbelt, setzt Finten und Richtungsänderungen ein.

**TIPS FÜR DEN TRAINER**

Paarbildung, pro Paar ein Ball

Varianten: Kopfballsprung, Liegestütz, Rolle vorwärts, Spurt um ein Fähnchen und zurück usw.

Nach 5 Versuchen erfolgt ein Rollenwechsel.

Zwischen den einzelnen Übungen sich lockern und dehnen!

30/35 **Sprungkraftverbesserung und Herausspielen von Torsituationen**
- Ein Hürdenparcours, bestehend aus 5 bis 7 Hürden, die hintereinander im Abstand von 1 bis 2 m stehen, wird aufgebaut und im Schlußsprung einbeinig (rechts/links) oder im Laufsprung überwunden.
- Wir spielen 4 gegen 3 auf ein Tor mit Torwart. Vier Angreifer versuchen sich gegen drei Abwehrspieler durchzusetzen. In der Höhe der Mittellinie werden zwei kleine Tore aufgebaut, so daß die Abwehrspieler auch Tore schießen können.

Hürdenhöhe je nach Leistungsvermögen

Diese Übung ist auch als Staffelwettbewerb möglich.

Zwischen den beiden Übungen immer wechseln.

Schwerpunkte für die Angreifer: Doppelpässe, Hinterlaufen, Schüsse aus der zweiten Reihe.

Schwerpunkte für Verteidiger: Übernehmen, Raumaufteilung, Konterspiel.

Die Übungsdauer liegt bei etwa 10 Minuten.

30/35 **Ausklang**

Zum Abschluß folgt ein Spiel über den ganzen Platz unter Beachtung des Schwerpunktes.

Das Auslaufen dauert etwa 10 Minuten.

# B 2

**Ziele: Verbesserung der konditionellen Grundlagen**
**Verbesserung des taktischen Verhaltens und Herausspielen von Torsituationen**

20/25 **Einstimmen/Aufwärmen**

- Medizinball hochwerfen und fangen im lockeren Trab
- Medizinbälle hinlegen und im Trab durch Ball-Labyrinth traben
- Medizinball hochwerfen, mit Händen Boden berühren und Ball fangen
- Medizinball beidbeinig/einbeinig überspringen
- Grätschstand: Medizinball beschreibt Achterkreise durch Beine
- Medizinball durch gegrätschte Beine werfen und nach Drehung auffangen
- Fangspiel: Medizinball wandert von Spieler zu Spieler, ein oder mehrere Fänger schlagen ab. Wer den Ball besitzt, kann nicht abgeschlagen werden.

30/35 **Schnelligkeit und Torschuß, Herausspielen von Torsituationen**

- Parallelsprint von der Mittellinie, Zweikampf um den vom Trainer vorgespielten Ball und Torschuß
- Parallelslalom von der Mittellinie bis in Strafraumhöhe, Trainer spielt Ball zu, Kampf um den Ball und Torschuß
- Angriff gegen Abwehr: 3 Stürmer und 3 Mittelfeldspieler gegen 3 Verteidiger und 3 Mittelfeldspieler mit Spiel auf ein Tor oder zwei kleine Tore an der Mittellinie

**TIPS FÜR DEN TRAINER**

Jeder Spieler besitzt einen Medizinball.

Medizinbälle werden ständig geworfen. Sie dürfen nicht festgehalten werden.

Ständiger Wechsel zwischen den Übungen eins/zwei und der Übung drei

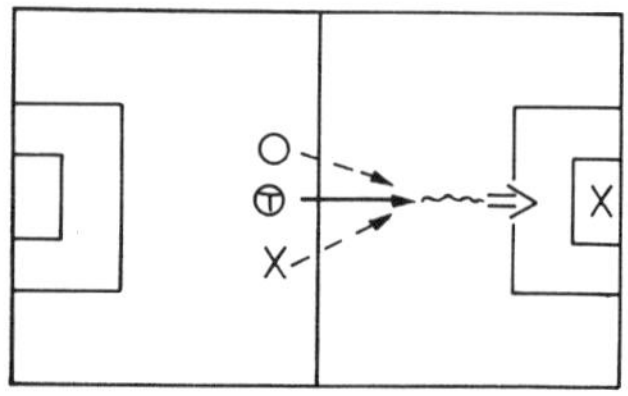

Schwerpunkte Angriff: sicheres Kombinationsspiel, Angriffsaufbau, Doppelpaß, Torschuß

| | | |
|---|---|---|
| 20/25 | **Ausklang**<br>Spiel über das gesamte Feld unter Beachtung des Schwerpunktes<br>Etwa 8 bis 10 Minuten auslaufen! | Schwerpunkte Abwehr: Konsequentes Decken, Konterspiel |

## B 3

**Ziele: Verbesserung der Technik und des Ballgefühls**
**Verbesserung des taktischen Verhaltens**

20/25 **Einstimmen/Aufwärmen**

- freies Dribbling
- Schattendribbling, ein Spieler dribbelt vor, der andere macht nach, z. B. vorwärts, rückwärts, seitwärts, Kopfballsprünge usw.
- Ein Spieler dribbelt vor und die gesamte Gruppe ahmt nach.
- Verfolgungsjagd: Ein Spieler führt den Ball und hängt seinen Partner durch Richtungsänderungen ab.

30/35 **Dribbling**

- Dribbling im abgegrenzten Raum
- Zahlendribbling: Die vier Ecken des Spielraumes sind numeriert. Der Trainer ruft eine Zahl. Alle Spieler dribbeln schnell um die Fahne in der benannten Ecke und zurück.
- Verfolgungsrennen um das abgegrenzte Viereck: Vier Mannschaften nehmen von ihrer Ecke die Verfolgung der vorliegenden Mannschaft auf.
- Es bilden sich Vierergruppen. Je zwei Spieler stehen sich im Abstand von etwa 20 m mit weit gegrätschten Beinen gegenüber. Nun beginnt das Toreschießen.

35/40 **Ausklang**

Gespielt wird 4 gegen 3 oder 5 gegen 3 auf zwei Tore mit Torwart. Ziele sind: Überzahlmannschaft erzielt mit wenig Ballkontakten Tore. Unterzahlmannschaft versucht durch Dribbeln Tore zu erzielen.

Nach dem Spiel rund 10 Minuten auslaufen!

**TIPS FÜR TRAINER**

Pro Spieler ein Ball

Möglich als Einzel- und Gruppenwettkampf

Die zwei nicht beteiligten Spieler spielen nebenan 1 gegen 1. Nach etwa 2 bis 3 Minuten erfolgt Rollenwechsel.

20/25 **Einstimmen/Aufwärmen**
Zum Aufwärmen spielen wir 4 gegen 2 oder 5 gegen 2 in einem abgegrenzten Feld.

**TIPS FÜR DEN TRAINER**
Je nach Leistungsniveau mit begrenzten Ballkontakten

30/35 **Verbesserung des Spielverhaltens**

- Das erste Spiel geht 2 gegen 2 plus 1. Gespielt wird auf kleine Tore.

Der neutrale Spieler spielt immer bei der ballbesitzenden Mannschaft mit. Der Wechsel des neutralen Spielers kann auch nach einer Zeit von etwa 5 Minuten erfolgen.

- Im Spiel 6 gegen 4 wird ohne Tore gespielt. Die Überzahlmannschaft darf höchstens 3 Ballkontakte haben, die Unterzahlmannschaft muß sich möglichst lange dribbelnd am Ball behaupten.

Der Wechsel der Mannschaft erfolgt nach etwa 10 bis 12 Minuten.

35/40 **Ausklang**
Die Trainingseinheit endet mit einem Spiel über den ganzen Platz. Dabei spielen die Angreifer gegen die Verteidiger.
Das Auslaufen über 10 Minuten erfolgt locker.

**Ziele: Verbesserung des taktischen Verhaltens**

20/25 **Einstimmen/Aufwärmen**

- lockeres Traben quer- und längsseitig im Wechsel
- Dehnübungen
- einige Steigerungsläufe
- Koordinationsübungen, wie z. B. Hampelmann
- Bildung von Vierergruppen, den Ball zuspielen, das Zuspiel durch Spurts fordern und Flugbälle über weite Distanzen schlagen

**TIPS FÜR DEN TRAINER**

Das Aufwärmen erfolgt diesmal ohne Ball.

Pro Gruppe ein Ball

30/35 **Taktisches Verhalten**

Im Spiel 4 gegen 4 wird in einem abgegrenzten Feld über Linien gedribbelt.

Die Spieldauer beträgt etwa 5 Minuten. Dann erfolgen einige Minuten der aktiven Erholung mit Ballarbeit.
Insgesamt sind 3 bis 5 Wiederholungen vorgesehen.

35/40 **Ausklang**

Es folgt ein Spiel über den ganzen Platz. Diesmal spielen die Angreifer als Verteidiger und die Abwehrspieler stehen im Angriff.
Das etwa 10minütige Auslaufen wird mit leichten Lockerungsübungen verbunden.

20/25 **Einstimmen/Aufwärmen**

- Lockeres Traben verbunden mit Zuspielkombinationen
- Zuspielen des Balles in festgelegter Reihenfolge
- Das Zuspiel vom Mitspieler durch einen angesetzten Spurt fordern
- Direktes Zuspiel üben
- Flugbälle schlagen und als Zuspiel annehmen

**TIPS FÜR DEN TRAINER**
Es bilden sich Sechsergruppen. Jede Gruppe hat einen Ball.

30/35 **Taktisches Verhalten und Zusammenspiel**

- In der ersten Phase wird 2 gegen 2 gespielt. Das Los entscheidet über die Zusammensetzung der Mannschaften.
- Dann spielen wir 3 gegen 3 auf zwei Tore.
- Beim Spiel 4 gegen 4 können sich zwei Mannschaften aus der ersten Serie zusammenfinden.

Die Spieldauer liegt bei etwa 5 bis 8 Minuten. Die Pause beträgt 1 bis 2 Minuten. Insgesamt sind 3 Wiederholungen geplant.

35/40 **Ausklang**

Gespielt wird 6 gegen 6 oder 8 gegen 8. Die Mannschaften haben zwei normale Tore mit Torwart, aber auch je ein Fähnchentor ohne Torwart. Es folgt ein langsames Auslaufen.

Die Schwerpunkte bestimmen sich durch die Erkenntnisse, die beim letzten Meisterschaftsspiel gewonnen wurden.

20/25 **Einstimmen/Aufwärmen**
- freies Kombinieren in Gruppen, zwischendurch mit dem Ball jonglieren
- Staffeln: z. B. eine Dribbelstaffel um ein Wendemal oder durch einen Slalomparcours

30/35 **Taktisches Verhalten**
Gespielt wird 5 gegen 5. Auf jeder Spielseite stehen 3 kleine Fähnchentore. Drei Spieler schirmen nun immer je ein Tor ab, während die zwei übrigen Spieler vor der Abwehrkette als Abfangspieler im Raum stehen. Ziel ist die Verbesserung der Raumaufteilung und das Übernehmen der Spieler.

35/40 **Ausklang**
Gespielt wird über den ganzen Platz. Die besten Spieler kommen in die Mannschaft A, die nicht so leistungsstarken in das B-Team. Bei einer Spieldauer von 2 x 15 Minuten erhält das B-Team einen Torevorsprung von fünf. Zum Abschluß erfolgt das Auslaufen.

**TIPS FÜR DEN TRAINER**
Es werden Fünfergruppen gebildet. Jede Gruppe erhält einen Ball.

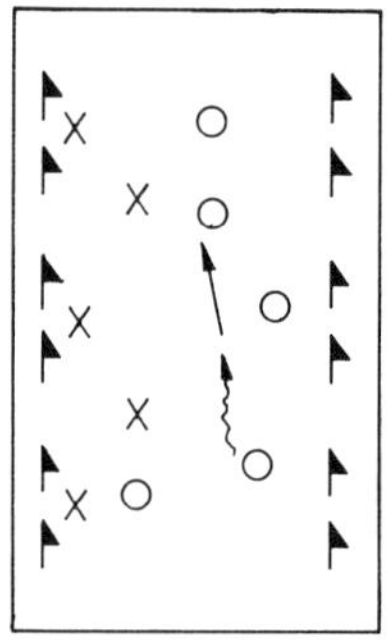

Der Trainer unterbricht das Spiel und weist auf das Spielverhalten hin (loben, korrigieren, erläutern usw.).

Beachtung des erlernten taktischen Verhaltens, Erarbeiten neuer Spielzüge

**Ziele: Verbesserung der Schnelligkeit mit dem Ball**

20/25 **Einstimmen/Aufwärmen**

- Gespielt wird fünf gegen zwei in einem abgegrenzten Feld. Dabei gibt es beliebig viele Kontakte, verminderte Kontakte und das direkte Spiel.
- Reise nach Jerusalem: Jeder Spieler besitzt einen Ball. Im Feld stehen Hütchen entsprechend der Spielerzahl zu einem Labyrinth sortiert. Auf Zeichen des Trainers muß jeder Spieler mit dem Ball dribbelnd ein Hütchen erreichen.

30/35 **Schnelligkeit mit dem Ball**

- Die Spieler dribbeln in einem abgesteckten Raum. Etwa 20 bis 30 m entfernt stehen mehrere Fähnchen, die numeriert sind. Auf Zeichen des Trainers dribbeln alle Spieler möglichst schnell um das benannte Fähnchen und zurück.
- Dribbelwettkampf: Der Trainer ruft jeweils zwei Spieler auf, die in Wettkampfform obige Strecke absolvieren.
- Der gleiche Wettbewerb ist als Staffel durchzuführen.

30/35 **Ausklang**

Gespielt wird in Mannschaften quer über den Platz.
Zum Abschluß etwa 10 Minuten auslaufen!

**TIPS FÜR DEN TRAINER**

Das Leistungsniveau der Spieler beachten!

Die Zahl der Hütchen kann verringert werden. Wer kein Hütchen erreicht, erhält einen Minuspunkt.

Jeder Spieler besitzt einen Ball.

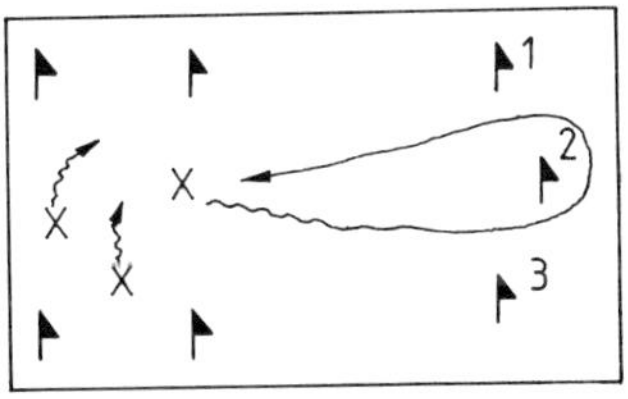

**Ziele: Verbesserung der Technik**

20/25 **Einstimmen/Aufwärmen**

- lockeres Traben in einer Zweierkombination mit Zuspiel
- Ball jonglieren
- Ball durch Spurt vom Partner fordern
- Spieler stehen Rücken an Rücken, Beine gegrätscht, Ball durch die Beine und über Kopf weitergeben
- Ausgangsstellung wie oben, Ballübergabe durch Rumpfdrehen in einer Art Achterform
- Ball zwischen die Füße klemmen und zum Partner hochscheppern

30/35 **Technikverbesserung**

- Weite Flugbälle zum Partner spielen, dieser nimmt Ball an und mit und spielt genauso zurück.
- Wie oben, der Partner spielt den Ball per Kopf zurück.
- Spieler A steht in Höhe der 16-m-Linie und wird von B per Flugball angespielt, A nimmt den Ball an, kurze Drehung und Torschuß.
- Wie oben, zusätzlich wird A von einem teilaktiven Verteidiger gedeckt, nach der Ballannahme macht A eine Täuschung und dann Torschuß.
- Wie oben, Spieler A läßt den Ball für Spieler B abprallen und nun folgt Spiel 2 gegen 1 auf ein Tor.

35/40 **Ausklang**

Gespielt wird auf der gesamten Spielfläche mit dem Schwerpunkt „langes Zuspiel“.

Abschließend 10 Minuten auslaufen!

**TIPS FÜR DEN TRAINER**

Paarbildung, pro Paar ein Ball

Partnergymnastik

Partnerarbeit

Je nach Leistungsvermögen kann der Ball auch zurückgeworfen werden.

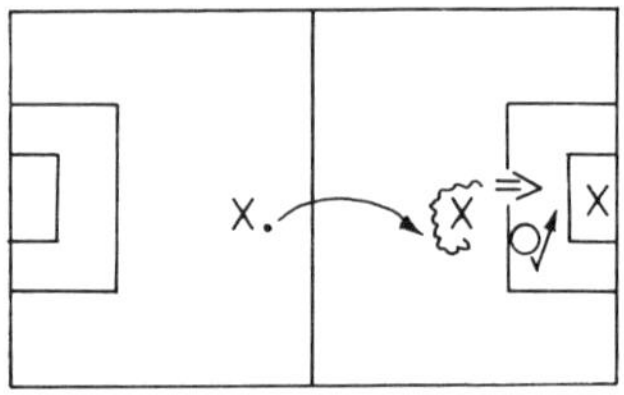

**Ziele:** **Verbesserung der technischen Fertigkeiten**
**Verbesserung des Spielverhaltens**

# B 10

20/25 **Einstimmen/Aufwärmen**

- lockeres Traben mit verschiedenen Zuspielkombinationen
- A dribbelt auf B (teilaktiv) zu, umdribbelt ihn, führt noch einige Meter den Ball, spielt dann zu B, Rollenwechsel.
- A dribbelt auf den entgegenkommenden Spieler B zu, dieser übernimmt den Ball usw.
- A dribbelt auf B zu, B läßt abprallen (Doppelpaß), A nimmt den Ball wieder auf usw.

40/45 **Stationsbetrieb zur Verbesserung der Technik**

Station 1: Torschuß nach Slalomdribbling
Station 2: Spiel 3 gegen 3 auf kleine Tore
Station 3: Handball-Kopfball auf zwei Tore mit Torwart
Station 4: Flanken vor das Tor schlagen und diese zu einem Tor verwandeln
Variante: Flanken vor Tor bringen und diese trotz eines Verteidigers zu einem Tor verwandeln

20/25 **Ausklang**

Wir spielen über den ganzen Platz. Abschließend erfolgt Auslaufen.

**TIPS FÜR DEN TRAINER**

Paarbildung, pro Paar ein Ball

Nach 5 bis 8 Versuchen werden die Rollen getauscht.

An jeder Station können 6 bis 8 Spieler üben. Die Übungszeit pro Station kann etwa 8 Minuten dauern.

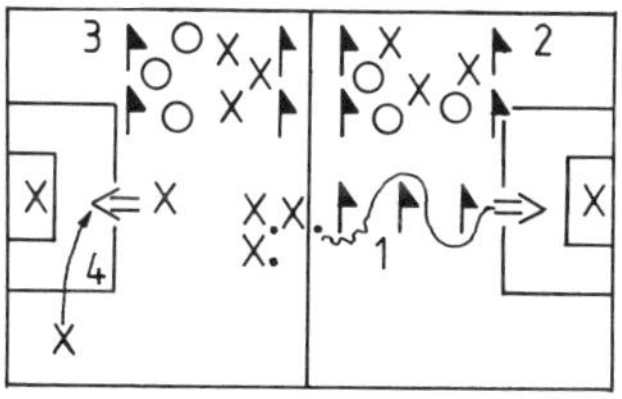

# B11

**Ziele: Verbesserung des Spielverhaltens**
**Verbesserung des Zusammenspiels**

20/25 **Einstimmen/Aufwärmen**

- In der Gruppe erfolgt ein freies Zuspiel unter Einbezug aller bekannten Spielarten.
- Geübt wird besonders weites Zuspiel.
- Ausführen von direkt gespielten Doppelpässen
- Zuspiel mit einer anschließenden gymnastischen Übung

30/35 **Spielverhalten und Zusammenspiel**

Station 1: Gespielt wird 3 gegen 3 auf kleine Tore.

Station 2: Gespielt wird 4 gegen 2 in einem abgegrenzten Feld. Die Vierermannschaft hat maximal zwei Ballkontakte vor jedem Abspiel.

Station 3: Gespielt wird 2 gegen 2 im Rollsystem. Team 1 greift an, Team 2 verteidigt. Ist der Angriff abgeschlossen, greift Team 2 an und Mannschaft 3 verteidigt, usw. Eine Alternative besteht darin, daß ein Spieler der verteidigenden Mannschaft immer ins Tor geht. Dadurch entsteht dann ein Spiel 2 gegen 1.

30/35 **Ausklang**

Die Mannschaften finden sich zu Sechserteams zusammen und starten ein Turnier. Hier spielt jede Mannschaft gegen jede.

**TIPS FÜR DEN TRAINER**

Es bilden sich Sechsergruppen. Jede Gruppe erhält einen Ball.

Es bilden sich wieder Sechsergruppen.

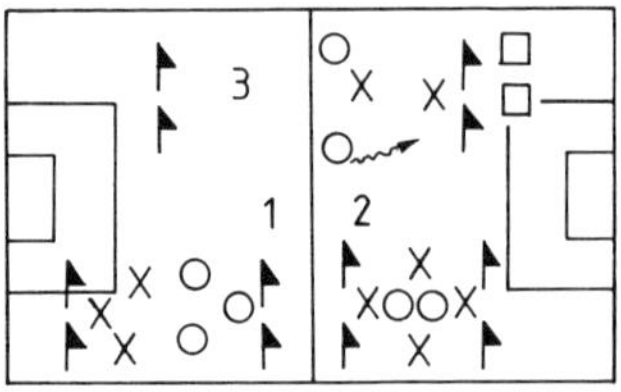


Der Wechsel an den Stationen 1 bis 3 erfolgt nach etwa 5 bis 8 Minuten. Die drei Stationen können mehrmals durchlaufen werden.

**Ziele: Verbesserung der Balltechnik**
**Verbesserung der Schnelligkeit mit dem Ball**

# B 12

20/25 **Einstimmen/Aufwärmen**
Eigenarbeit mit dem Ball unter Einbau gymnastischer Übungen wie Hocke, Kopfballsprung, Drehsprung um die eigene Achse, Liegestütz, Hampelmann, Grätschsprung, usw.
Im abgegrenzten Feld folgt ein Tempodribbling. Im Wechsel von 10 Sekunden mit Ballgymnastik. Dieser Wechsel kann bis zu zehnmal vollzogen werden.

30/35 **Schnelligkeit mit dem Ball**
Auf einer Spielfeldhälfte werden jeweils in den 4 Ecken Quadrate von etwa 10 x 10 m abgesteckt und mit Zahlen von 1 bis 4 benannt.

- Die Spieler dribbeln mit dem Ball in lockerem Trab in der Spielfeldhälfte. Auf Zuruf des Trainers spurten alle in das aufgerufene Quadrat. Dann folgt die Fortsetzung des lockeren Trabens bis zum nächsten Aufruf.
- Die Spieler führen ein Ziehharmonikadribbling aus. Tempodribbling von der Grundlinie zur 5-m-Linie und zurück, dann zur 16-m-Linie und zurück, dann zur Mittellinie und zurück in mehrmaliger Wiederholung.

30/35 **Ausklang**
Gespielt wird in zwei Mannschaften über den ganzen Platz. Tore, die mit dem Kopf erzielt werden, zählen doppelt.
5 bis 10 Minuten auslaufen!

**TIPS FÜR DEN TRAINER**
Jeder Spieler besitzt einen Ball.

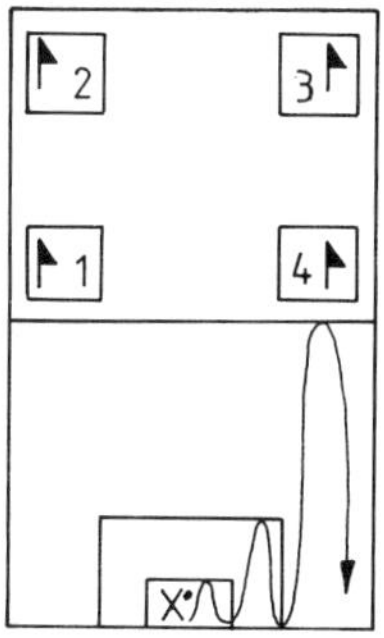

**Ziele: Verbesserung des Torschusses**

# A 1

20/25 **Einstimmen/Aufwärmen**
Die Spieler beschäftigen sich selbst mit dem Ball:

- Ball mit dem rechten und linken Fuß, mit der Innen- und Außenseite führen,
- Ball jonglieren,
- Ball hochwerfen, Kopfball, hinterherspurten und verarbeiten,
- Ball mit der Sohle anhalten und weiterdribbeln,
- Richtungsänderungen und Tempowechsel.

30/35 **Torschuß**

- Torschuß aus dem Dribbling, einmal frontal zum Tor, dann schräg seitwärts von rechts und links
- Trainer steht am 16-m-Raum, wird von Spieler angespielt, Doppelpaß und Torschuß.
- Spieler A und B stehen rechts und links vom Trainer auf Höhe der Mittellinie, Trainer spielt Ball steil nach vorne, A und B spurten hinterher, Zweikampf um den Ball und Torschuß.
- gleiche Übung wie oben, zusätzlich Sprint durch Slalomstangen
- gleiche Übung wie oben, vor Spurtbeginn eine Rolle vorwärts

35/40 **Ausklang**
Es folgt ein Spiel auf zwei Tore mit dem Schwerpunkt „Torschüsse aus dem Zweikampfverhalten".
Wird ein Torauf diese Weise erzielt, zählt es doppelt.
Zum Auslaufen traben wir einige Runden um den Platz.

**TIPS FÜR DEN TRAINER**
Jeder Spieler besitzt einen Ball.

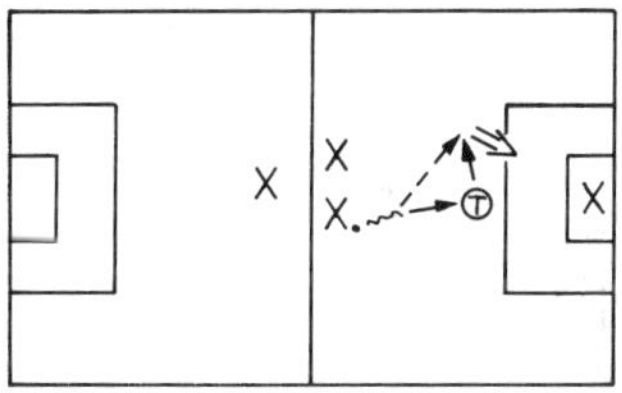

Genau auf den Schwerpunkt beim Spiel achten.

# A 2

**Ziele: Verbesserung des Torschusses**
**Verbesserung des Zusammenspiels**

20/25 **Einstimmen/Aufwärmen**

- Zuspielkombinationen in der Gruppe im Aufwärmtempo
- Ball hochhalten, jonglieren
- Zuspielkombinationen in festgelegter Reihenfolge
- Zuspiel durch Spurt vom Partner fordern
- als aktive Erholungsphase wieder Jonglieren des Balles
- Zuspielkombinationen im lockeren Tempo, nach jedem Abspiel eine gymnastische Übung

30/35 **Torschußtraining und Zusammenspiel**

- Gespielt wird quer über den Platz ein Über-/Unterzahlspiel. Aus der Überzahlmannschaft müssen der Reihe nach alle Spieler einmal die nächste Übung absolvieren, ehe sie wieder mitspielen dürfen. Sind alle Spieler der Überzahlmannschaft durch, erfolgt ein Rollentausch.
- Diese Übung ist immer von einem Spieler der Überzahlmannschaft zu absolvieren: Auf der 16-m-Linie liegen 10 bis 12 Bälle. Der Spieler schießt den ersten Ball auf das Tor. Danach spurtet er um ein Fähnchen, es folgt der zweite Schuß usw.

35/40 **Ausklang**

Zum Ausklang spielen zwei möglichst gleichstarke Mannschaften gegeneinander.
Beim Auslaufen muß jede Eckfahne dreimal angelaufen werden, allerdings in ständigem Wechsel.

**TIPS FÜR DEN TRAINER**

Es bilden sich Vierer- oder Fünfergruppen.

1 spielt zu 2, dieser zu 3, zu 4 usw.

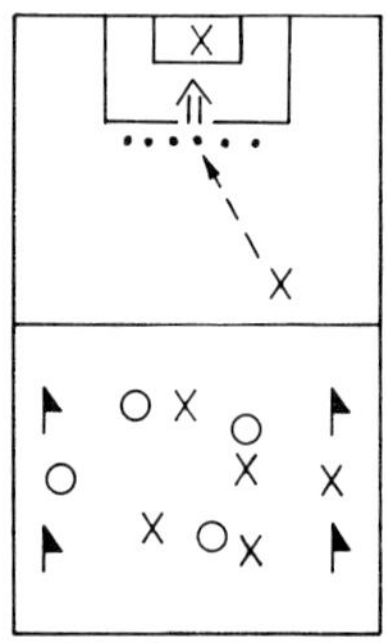

## Ziele: Verbesserung des taktischen Spielverhaltens (Zusammenspiel) Verbesserung des Zweikampfverhaltens



20/25 **Einstimmen/Aufwärmen**

- Ballführen in langsamen Tempo
- Ballführen mit Richtungsänderungen und Täuschungen
- Ball hochspielen, annehmen, weiterdribbeln
- Spiel „Dribbelfänger": Alle dribbeln mit dem Ball. Einer wird zum Fänger bestimmt; auch er führt einen Ball. Hat er einen Mitspieler abgeschlagen, wird dieser Fänger.

**TIPS FÜR DEN TRAINER**

Pro Spieler ein Ball

30/35 **Zusammenspiel und Zweikampfverhalten**

- Gespielt wird 1 gegen 1 auf ein Fähnchentor mit Torwart. Bei Torerfolg erfolgt Rollenwechsel.
- Gespielt wird 1 gegen 2 mit Kombinationen im freien Raum, zuerst mit zwei Ballberührungen, dann mit direktem Spiel. Berührt der Einzelspieler den Ball, erfolgt der Wechsel.
- Im Spiel 1 gegen 2 wird nun über Linien gedribbelt.

Es bilden sich Dreiergruppen. Jede Gruppe erhält einen Ball.

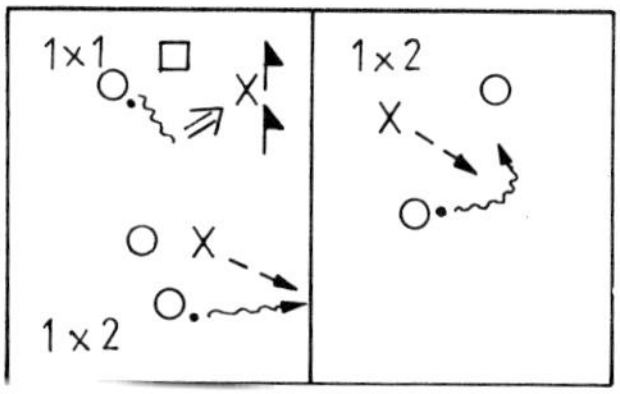


35/40 **Ausklang**

Zum Abschluß wird ein Turnier auf dem Kleinfeld mit 3 gegen 3 gespielt.
Danach erfolgt ein lockeres Auslaufen von etwa 10 Minuten.

Da ja bereits Dreiergruppen bestehen, ist die Einteilung übernehmbar.

**Ziele: Verbesserung der Kondition mit dem Ball**

20/25 **Einstimmen/Aufwärmen**

- Gespielt wird 5 gegen 2 im abgegrenzten Feld, zuerst mit beliebig vielen Kontakten, nur mit 2 Kontakten, dann direktes Zuspiel.
- Ballführen im lockeren Lauf
- Steigerungsläufe mit dem Ball
- Ball vorspielen, hinterherspurten, verarbeiten usw.
- Ball mit der Sohle mitführen
- Täuschungen und Finten einbauen

30/35 **Kondition**

- mit dem Ball lockeres Umtraben des Vierecks
- mit dem Ball Hopserlauf, Seitgalopp usw.
- Die Gesamtmannschaft wird in vier Gruppen aufgeteilt. Jede Mannschaft steht an einer Eckfahne:
  In einem Einzelrennen sprintet der erste Spieler einmal mit dem Ball um das Viereck, dann der zweite usw.
- Die gleiche Ausgangsposition ist gegeben. Diesmal sprinten alle gleichzeitig mit dem Ball um das Viereck.
- Alle Spieler starten gleichzeitig und sprinten solange um das Viereck, bis ein Spieler einen Vordermann eingeholt hat (Verfolgungsrennen).

35/40 **Ausklang**

Es folgt ein Spiel in Leistungsgruppen. Danach laufen alle 10 Minuten locker aus.

**TIPS FÜR DEN TRAINER**

Lockeres Zuspiel im Aufwärmrhythmus.

Jeder Spieler hat einen Ball.

Jeder Spieler hat einen Ball.
Das Viereck hat die Größe 20 x 30 m.

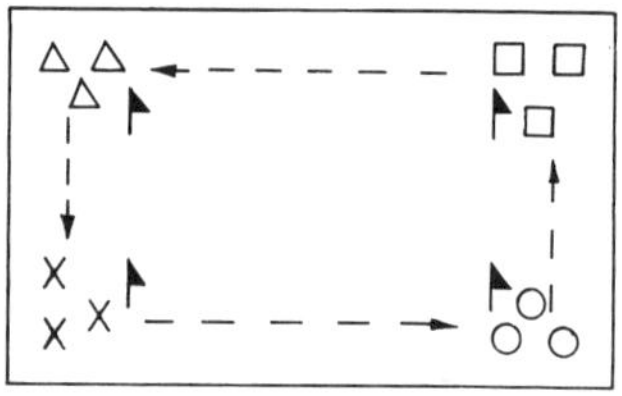

Wechsel zwischen Einzel- und Gruppenwettkampf einplanen. Die nötigen Pausen in aktiver Form gestalten.

**Ziele: Verbesserung des taktischen Verhaltens und des Zusammenspiels**

20/25 **Einstimmen/Aufwärmen**

- Ballführen
- Ball in Achterkreisen durch die gegrätschten Beine führen
- Ball zwischen den gegrätschten Beinen halten, eine Hand vor, die andere hinter dem Körper halten, den Ball bei schnellem Handaustausch zwischen den Beinen in der Luft halten
- Schlußsprünge über den am Boden liegenden Ball
- Einbeinsprünge über den am Boden liegenden Ball
- Selbstbeschäftigung mit dem Ball, Erproben neuer Fertigkeiten

30/35 **Zusammenspiel**

- lockeres Zuspiel in einer Siebenergruppe
- Gespielt wird 3 gegen 4 als Über-/Unterzahlspiel. Die Unterzahlmannschaft übt vor allem Dribblings, Zweikämpfe und Doppelpässe. Die Überzahlmannschaft trainiert direktes Zuspiel und Zuspiel mit eingeschränkten Ballkontakten.

35/40 **Ausklang**

Es folgt ein Spiel auf zwei Tore. Dabei gibt es bei erfolgreichen Dribblings und Doppelpässen zu den Toren immer noch einen Zusatzpunkt. Abschließend laufen alle 10 Minuten aus.

**TIPS FÜR DEN TRAINER**

Jeder Spieler hat einen Ball.

Bei der Gymnastik mit dem Ball immer wieder Lockerungs- und Dehnungsübungen einbauen.

Es bilden sich Siebenergruppen.

Zuerst spielt man ohne Tore, später kann auch auf Tore gespielt werden.

# A 6

**Ziele: Verbesserung der Kondition mit dem Ball**

20/25 **Einstimmen/Aufwärmen**
Jeder Spieler arbeitet selbständig mit dem Ball und trainiert alle Übungen, die bisher erarbeitet wurden.
Das ganze erfolgt im leichten Trab.

**TIPS FÜR DEN TRAINER**
Pro Spieler ein Ball

30/35 **Technik-Parcours mit integriertem Konditionstraining**
Übung 1: Ballführen durch eine Slalomstrecke
Übung 2: Einem Steilpass nachspurten
Übung 3: Den Ball jonglieren
Übung 4: Ballführen und ständige Finten einbauen
Übung 5: Torschüsse von der Strafraumgrenze aus verschiedenen Positionen. Dieser Parcours ist auf der einen Hälfte des Platzes gebaut. Auf der anderen Hälfte erfolgt ein Spiel auf kleine Tore. Es werden drei Mannschaften gebildet. Zwei spielen, eine absolviert den Parcours. Der Rundgang wird von jeder Mannschaft mindestens dreimal absolviert.

Jede Übung wird etwa 1 Minute konzentriert durchgeführt.

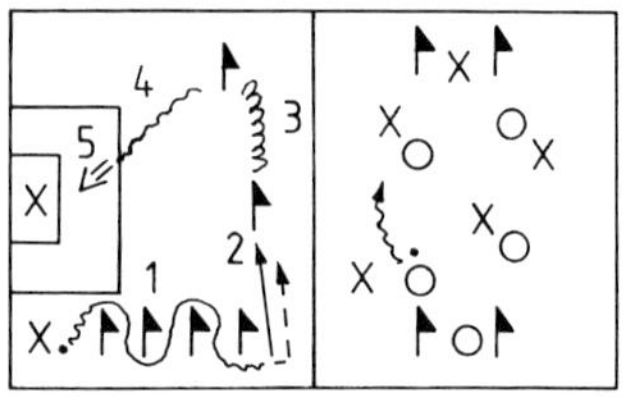


30/35 **Ausklang**
Zum Abschluß findet ein Spiel über den ganzen Platz statt. Dabei sollen vor allem Steilpässe gespielt werden.
Zum Schluß laufen alle 10 Minuten locker aus.

20/25 **Einstimmen/Aufwärmen**
Einzelarbeit mit dem Ball:
- Ballführen mit dem rechten und linken Fuß
- Jonglieren des Balles
- Üben von Finten, Richtungswechseln und ständigen Tempowechseln

35/40 **Taktische Spiele**
Gespielt werden Überzahl-/Unterzahlspiele, wie 3 gegen 5, 4 gegen 6, 4 gegen 7 oder 5 gegen 8.
- Wir spielen von Grundlinie zu Grundlinie.
- Es wird auf kleine Tore gespielt.
- Statt mit Toren spielen wir nun mit neutralen Anspielern. Die neutralen Anspieler ändern an der Grundlinie ständig ihre Position, damit sie angespielt werden können.
- Die Unterzahlmannschaft spielt auf „Abseits".
- Die Unterzahlmannschaft führt zuerst ein Dribbling aus, dann erfolgt das Abspiel.
- Die Überzahlmannschaft bevorzugt weiträumiges Spiel, spielt Doppelpässe und übt direktes Spiel.

25/30 **Ausklang**
Beim Spiel über den ganzen Platz werden Abseitsstellen und direkte Pässe geübt.
Ein zehnminütiges Auslaufen beendet die Trainingseinheit.

**TIPS FÜR DEN TRAINER**
Jeder Spieler hat einen Ball.

Der Übungsschwerpunkt ist darin zu sehen, daß sich die Minderzahlmannschaft gegen die Überzahlmannschaft durchsetzen muß.

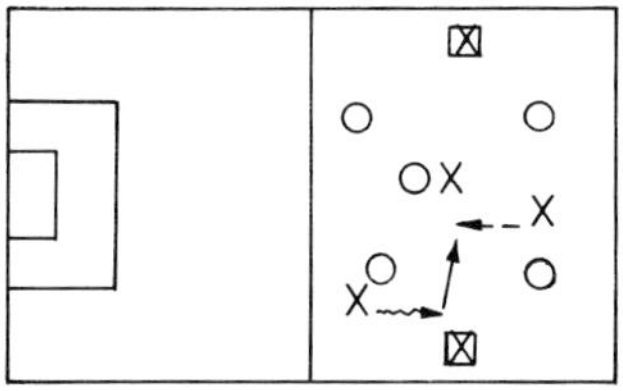

Bei taktischem Fehlverhalten sollte die Übung unterbrochen und der Fehler angesprochen werden. Alternativen aufzeigen!

**Ziele: Verbesserung der fußballspezifischen Ausdauer**

20/25 **Einstimmen/Aufwärmen**

- Lockere Zuspielkombinationen innerhalb der Gruppe. Dabei Übungen des Lockerns und Dehnens einbauen.
- Übungen des Ballführens und Jonglierens mit dem Ball wiederholen.

30/40 **Fußballspezifische Ausdauer**

Es werden drei gleichstarke Mannschaften gebildet.

- Mannschaft A spielt gegen Mannschaft B auf kleine Tore. Die Feldgröße sollte bei 30 x 40 m liegen.
- Die Mannschaft C bewegt sich in der anderen Spielhälfte in Selbstbeschäftigung mit dem Ball.
- Danach spielt Mannschaft A gegen Mannschaft C, und B betreibt Selbstbeschäftigung mit dem Ball.
- Schließlich spielt Mannschaft B gegen Mannschaft C, und A hat Zeit zur Selbstbeschäftigung.

Sind die Mannschaften leistungsstark, kann dieser Ablauf noch ein zweites Mal wiederholt werden.

20/25 **Ausklang**

Jeder Spieler bewegt sich 20 bis 25 Minuten locker trabend mit dem Ball und baut verschiedene Übungen ein.

**TIPS FÜR DEN TRAINER**

Es bilden sich drei Spielgruppen. Jede Gruppe erhält einen Ball.

Drei Gruppen

Die Spielzeit dauert etwa 5 bis 8 Minuten.

Jeder erhält einen Ball.

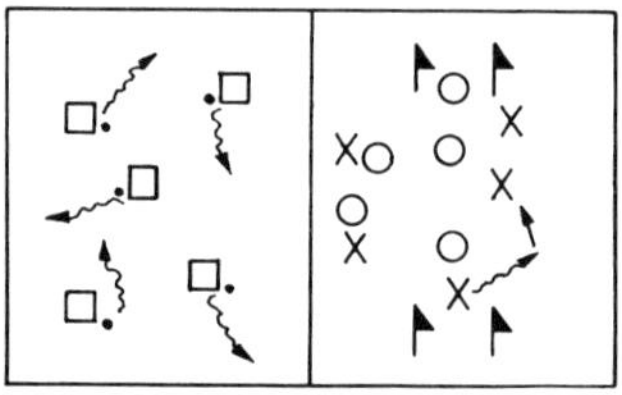

20/25 **Einstimmen/Aufwärmen**
Jeder Spieler arbeitet selbsttätig mit dem Ball. Dabei sollte er vor allem die Techniken üben, in denen er sich noch schwach fühlt.

30/35 **Torschuß**
- Jeder Spieler dribbelt von der Mittellinie auf das Tor zu und endet mit einem Torschuß.
- Das Dribbling beginnt an der Mittellinie. In Höhe der 16-m-Linie steht ein Anspieler, der läßt den Ball abprallen, dann erfolgt der Torschuß.
- Bei der obigen Übung kann dann noch ein Verteidiger eingebaut werden, der den Torschuß zu verhindern sucht.
- Übungsbeginn wie oben, dann erfolgt Doppelpaß mit dem Anspieler, danach spielt 1 gegen 1 mit dem Abschluß Torschuß. Der Verteidiger arbeitet zuerst teilaktiv, dann vollaktiv.

35/40 **Ausklang**
Es wird ein Turnier von 4 Mannschaften durchgeführt. Jeder spielt gegen jeden bei einer Spielzeit von 5 bis 8 Minuten.
A gegen B  C gegen D
A gegen C  B gegen D
A gegen D  B gegen C
Etwa 10 Minuten auslaufen!

**TIPS FÜR DEN TRAINER**
Jeder Spieler hat einen Ball.

Es wird in mehreren Gruppen auf zwei oder drei Tore gespielt, damit die Wartezeit möglichst kurz ausfällt.

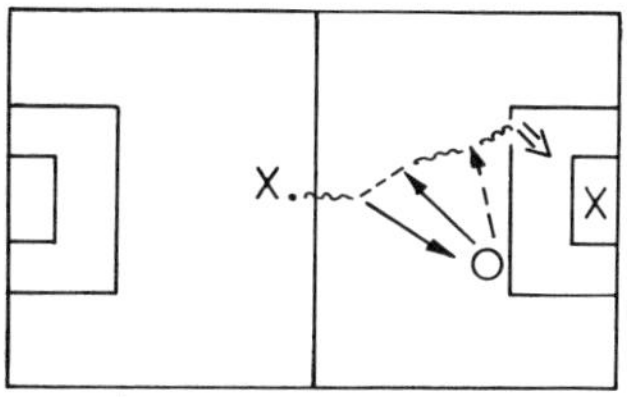

| | | TIPS FÜR DEN TRAINER |
|---|---|---|
| 20/25 | **Einstimmen/Aufwärmen**<br>Zuspielkombinationen in der Zweiergruppe:<br>• den Ball übernehmen,<br>• Flugbälle schlagen,<br>• den Ball hochhalten,<br>• Finten einbauen, mit Rollenwechsel. | Es erfolgt Paarbildung.<br>Jedes Paar erhält einen Ball. |
| 30/35 | **Medizinball-Übungen**<br>Es bilden sich zwei Gruppen.<br>Während die erste Gruppe die Übungen mit dem Medizinball absolviert, spielt die zweite Gruppe auf zwei kleine Tore. Dabei gibt es einen mehrfachen Wechsel.<br>Übungen mit dem Medizinball:<br>• Einwurf-Treiben mit dem Medizinball quer über das Spielfeld,<br>• Raufball 1 gegen 1 über zwei Linien,<br>• Medizinball rückwärts durch die gegrätschten Beine zum Partner werfen,<br>• Medizinball dem Partner im Sprung zuwerfen,<br>• Medizinball locker mit dem rechten und linken Arm zuwerfen,<br>• Medizinball im Sprung fangen und im Sprung wieder zuwerfen,<br>• beim lockeren Traben den Medizinball einander zuwerfen. | Es erfolgt ein Wechsel zwischen den Gruppen. Jeder Durchgang kann mehrfach wiederholt werden.<br>Pro Übung sollte es eine Belastungszeit von 30 bis 45 Sekunden geben und eine entsprechende Erholungsphase.<br>Ein Durchgang mit dem Medizinball sollte knapp 10 Minuten dauern. |
| 35/40 | **Ausklang**<br>Gespielt wird über den gesamten Platz.<br>Etwa 10 Minuten folgt lockeres Auslaufen. | |

**Ziele: Verbesserung der allgemeinen Ausdauer**
**Verbesserung des Zusammenspiels**



20/25 **Einstimmen/Aufwärmen**
Selbstbeschäftigung mit dem Ball und Zuspielkombinationen in einer Dreiergruppe mit den Schwerpunkten:
- Doppelpässe spielen,
- weite Flugbälle schlagen,
- Dribblings mit eingebauten Finten,
- Ball durch Spurt fordern.

30/35 **Ausdauerschulung und Zusammenspiel**
- In einer Spielhälfte des Platzes spielen A und B auf zwei kleine Tore.
- Auf der anderen Platzhälfte absolviert C einen Ausdauerparcours.

Nach 8 bis 10 Minuten erfolgt ein Wechsel. Mannschaft A wechselt auf den Parcours, und die Manschaften B und C spielen gegeneinander.
Schwerpunkte bei dem Spiel sind:
- Doppelpässe,
- möglichst wenig Ballkontakt,
- Konterspiel,
- Spielverlagerung.

35/40 **Ausklang**
Spiel über den ganzen Platz auf zwei Tore unter Beachtung der oben trainierten Aspekte.
Beim Auslaufen arbeitet jeder Spieler mit dem Ball.

**TIPS FÜR DEN TRAINER**
Aus der Gesamtteilnehmerzahl bilden sich drei Gruppen.

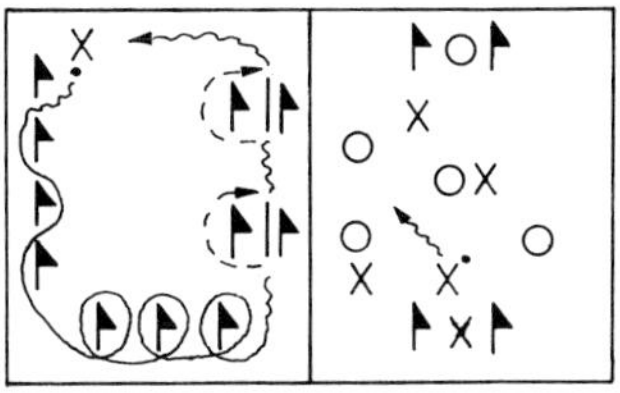

# A12

**Ziele: Verbesserung der Geschicklichkeit und Gewandtheit mit dem Ball**

| | | **TIPS FÜR DEN TRAINER** |
|---|---|---|
| 20/25 | **Einstimmen/Aufwärmen**<br>Der Ball wird auf verschiedene Arten jongliert:<br>• mit dem Spann,<br>• mit dem Oberschenkel,<br>• mit dem Kopf,<br>• alle Übungen im Stand und in der Fortbewegung,<br>• mit Einbau von Täuschungen,<br>• bei Dribblings. | Jeder Spieler hat einen Ball. |
| 30/35 | **Gewandtheit und Geschicklichkeit**<br>• Der Ball wird mit der Innen- und Außenseite geführt, in großen und kleinen Kreisen, mit Tempowechsel.<br>• Ballführen mit Seiten- bzw. Raumwechsel<br>• Ballführen mit Wechsel durch einen schmalen Korridor<br>• Ballführen mit Wechsel durch einen schmalen Korridor mit zusätzlichen Störspielern<br>• Üben enger Ballführung in einem Hütchenlabyrinth<br>• Dribbeln auf einem begrenzten Feld (10 x 10 m), dabei Wegnahme des Balles bei anderen und Abschirmen des eigenen Balles | Dem entgegenkommenden Spieler muß man ausweichen. Daher den Blick vom Ball lösen. Die Ballführung sollte eng und schnell sein.<br><br>Belastungszeit etwa 30 bis 40 Sekunden, dann lockeres Traben, mehrmaliger Wechsel. |
| 35/40 | **Ausklang**<br>Im Spiel 3 gegen 5 muß die Fünfergruppe den Ball direkt spielen.<br>Im Spiel 4 gegen 4 oder 5 gegen 5 wird auf vier Tore in Turnierform gespielt.<br>Etwa 8 bis 10 Minuten auslaufen! | |

## 3.4 15 Trainingseinheiten für die Halle

# H 1

**Ziele: Verbesserung der allgemeinen Ballgeschicklichkeit**
**Verbesserung von Koordination und Beweglichkeit**

| | | |
|---|---|---|
| 10/15 | **Einstimmen/Aufwärmen** | **TIPS FÜR DEN TRAINER** |
| | • Feuer, Wasser, Blitz: Alle Spieler laufen in der Halle umher und reagieren möglichst schnell auf obige Kommandos. | Feuer = Bauchlage auf dem Boden<br>Wasser = keine Bodenberührung haben, ein Gerät aufsuchen<br>Blitz = in der Hallenecke sich zusammenkauern |
| | • Kettenfangen | |
| 25/30 | **Ballgeschicklichkeit** | |
| | Der Ball wird am Ort geprellt:<br>• mit der linken Hand,<br>• mit der rechten Hand,<br>• um den Körper herumführen,<br>• hoch und tief prellen,<br>• durch die gegrätschten Beine prellen. | Jeder Spieler besitzt einen Ball. |
| | Der Ball wird in der Bewegung geprellt:<br>• alle laufen kreuz und quer und prellen den Ball,<br>• mit der rechten bzw. mit der linken Hand,<br>• den Ball prellen, sich hinsetzen und wieder aufstehen,<br>• zwischendurch in die Hände klatschen,<br>• eine ganze Drehung ausführen,<br>• eine Rolle vorwärts machen. | Den Blick vom Ball lösen und jeden Zusammenstoß mit einem Mitspieler vermeiden! |
| | Wir prellen laufend im Raum und versuchen, einem anderen Spieler den Ball wegzuschlagen. | Als Wettkampf mit Punktewertung möglich |
| 25/30 | **Ausklang** | |
| | Gespielt wird ein Fußballturnier 3 gegen 3 mit Torwart. Zum Abschluß laufen wir langsam allen Hallenlinien nach. | Je nach Hallengröße können auch mehr Spieler eingesetzt werden. |

**Ziele: Ballgewöhnung und Verbesserung des Ballgefühls**
**Schulung von Beweglichkeit und Geschicklichkeit**

# H 2

10/15 **Einstimmen/Aufwärmen**

Dribbeln mit dem Ball
- im freien Raum
- auf Pfiff sofort anhalten
- einen Kreis dribbeln
- auf Pfiff schnell auf den Ball setzen
- Linien entlang dribbeln
- beim Dribbeln eine Rolle vorwärts einbauen

Medizinball treiben: Alle Spieler stehen an der Stirnseite des Volleyballfeldes. In der Mitte liegt ein Medizinball: Jetzt versucht jede Mannschaft durch Schüsse auf den Medizinball, diesen zu treiben.

**TIPS FÜR DEN TRAINER**

Jeder Spieler hat einen Ball.

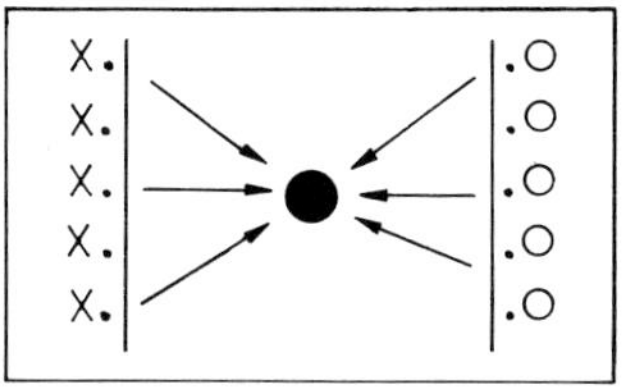

25/30 **Ballgewöhnung**
- Bälle sammeln: In der Mitte der Halle steht ein Kasten, gefüllt mit Bällen. Ein oder zwei Spieler leeren den Kasten ständig aus, die übrigen sammeln die Bälle ein und legen sie in den Kasten zurück.
- Spiegeldribbling: Der Trainer dribbelt mit dem Ball, alle Spieler vollziehen diese Bewegungen nach.
- Dribbelstaffel um eine Wendemarke

Schafft es eine Mannschaft, den Kasten wirklich zu leeren? Die Spielzeit liegt etwa zwischen 30 bis 60 Sekunden, danach erfolgt Rollenwechsel.

25/30 **Ausklang**

Zum Abschluß folgt ein Spielturnier unter dem Aspekt „Die Kleinen gegen die Großen" gemäß Körpergröße. Etwa 10 Hallenrunden werden zum Abschluß langsam gelaufen.

H 3

**Ziele: Verbesserung des Ballgefühls**
**Schulung von Koordination, Beweglichkeit und Geschicklichkeit**

10/15 **Einstimmen/Aufwärmen**

In der Halle werden verschiedene Hindernisse aufgebaut (kleine Kästen usw.). Es wird mit dem Ball gedribbelt.

- Die Hindernisse werden umdribbelt, Ballführung links und rechts.
- Der Ball wird über die Hindernisse gehoben, der Spieler läuft außen herum und bringt den Ball wieder unter Kontrolle.

Auch diese Übung mit beiden Füßen üben!

- Vor dem Hindernis wird der Ball aufgehoben, hochgeworfen und über das Hindernis geköpft.
- Die Hindernisse werden als Wand für einen Doppelpaß genutzt.

**TIPS FÜR DEN TRAINER**

Jeder Spieler benötigt einen Ball.

25/30 **Ballgefühl**

- Gestartet wird eine Dribbelstaffel.
- Danach folgt eine Staffel als Slalomdribbling.
- Haltet das Feld frei: Die Halle wird in der Mitte durch zwei Bänke in zwei Hälften geteilt. Zwei Mannschaften stehen sich gegenüber. Jeder Spieler hat einen Ball. Auf Pfiff wirft jeder seinen Ball in die gegnerische Hälfte. Jede Mannschaft muß ihr Spielfeld ballfrei halten. Die Bälle können geworfen oder geschossen werden.

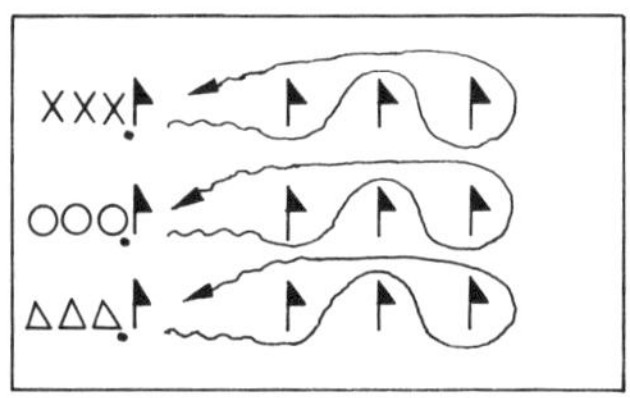

In welchem Spielfeld liegen nach 1 bis 2 Minuten die wenigsten Bälle? Man kann auch mit Softbällen spielen.

20/25 **Ausklang**

Es folgt ein Fußballspiel auf die beiden Hallenhandballtore. Zum Ende etwa 5 Minuten langsames Auslaufen im Raum!

**Ziele: Verbesserung der Balltechnik** **H 4**

10/15 **Einstimmen/Aufwärmen**

Dribbel-Torschuß-Staffel: Der Ball wird im Slalom um Hütchen gedribbelt, auf der Matte wird eine Rolle vorwärts absolviert, dann dem Ball nachgespurtet und mit dem Torschuß abgeschlossen. Der zurückspringende Ball - gespielt wird ohne Torwart - wird sauber angenommen und dann zum Ausgangspunkt zurückgedribbelt.

25/30 **Verbesserung der Balltechnik**

- In der Halle werden mehrere Langbänke in die Seitenlage versetzt. Jeder Spieler dribbelt nun an der Langbank entlang und übt dort den Doppelpaß.
- Erneut dribbelt der Spieler an der Langbank vorbei, spielt mit der Bank Doppelpässe und endet mit einem Torschuß.
- Diese Übungen lassen sich auch an der Hallenwand durchführen, sofern sie gerätefrei ist.

20/25 **Ausklang**

Zum Abschlußspiel werden in der Halle mit Fähnchen 4 kleine Tore aufgebaut, und zwar auf jeder Seite zwei. Dann wird ein kleines Turnier gespielt. Beim Auslaufen müssen die Spieler durch jedes der 4 Tore zehnmal laufen. Dabei darf kein Tor zweimal hintereinander durchlaufen werden.

**TIPS FÜR DEN TRAINER**

Es bilden sich Gruppen mit 5 bis 6 Spielern.

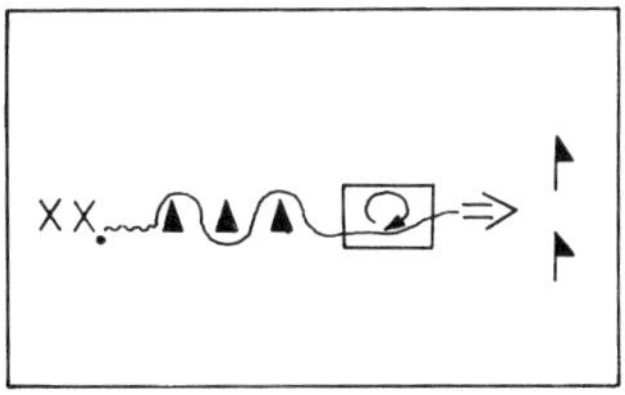

Es kann auf zwei Tore gespielt werden.

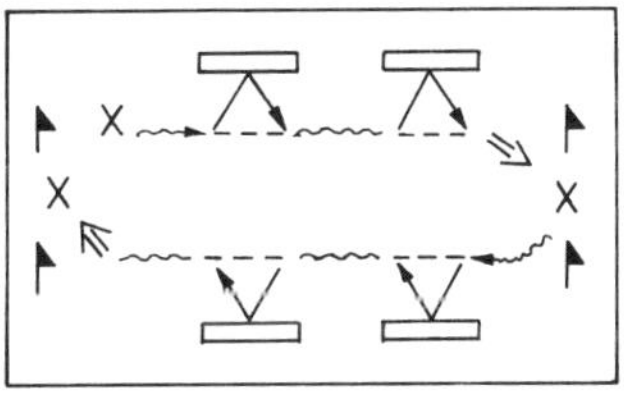

**Ziele: Verbesserung des Ballgefühls**

10/15 **Einstimmen/Aufwärmen**
Tag und Nacht: Zwei Mannschaften stehen sich an der Mittellinie im Abstand von 2 m gegenüber. Auf Zuruf „Tag“ oder „Nacht“ muß die aufgerufene Mannschaft die andere fangen. Die Ausgangslage kann verschieden sein:
- Bauchlage,
- Rückenlage,
- Liegestütz,
- Rücken gegen Rücken,
- auf einem Bein stehend,
- in der Hocke.

25/30 **Ballgefühl**
Vier-Tore-Spiel: Gespielt wird auf vier Tore. Hinter jedem Tor steht ein Auswechselspieler. Dieser wird bei einem Torerfolg eingewechselt, während der Torschütze nun hinter dem Tor in Warteposition geht.

20/25 **Ausklang**
Mattenfußball: Es werden mehrere Matten rundum an den Hallenseiten aufgestellt. Jede Mannschaft hat mehrere Matten zu verteidigen, auf die anderen darf sie Tore erzielen. Welche Mannschaft schafft die meisten Tore?
Zum Auslaufen berühren wir jede Matte zehnmal, aber sie muß immer an einer anderen Wand stehen.

**TIPS FÜR DEN TRAINER**
Abgeschlagen wird nur innerhalb des Spielfeldes.
Auf genügenden Auslauf bis zur Mauer achten!

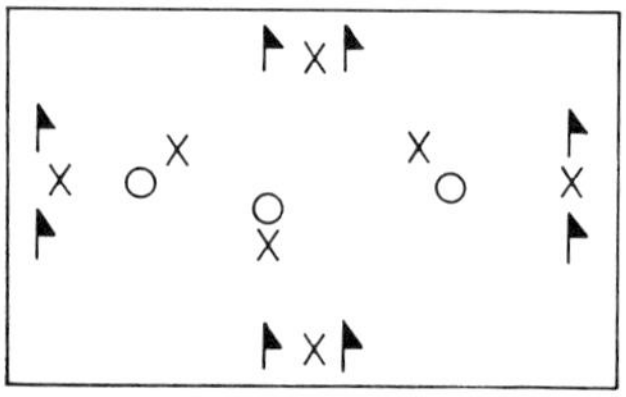

Variante: Die Tore können durch Fähnchen, Hütchen oder gar Spieler mit gespreizten Beinen dargestellt werden.

10/15 **Einstimmen/Aufwärmen**

Gedribbelt wird mit dem Ball.

- Ballführen mit dem rechten oder linken Fuß
- Ballführen mit der Innen- und Außenseite
- Ball leicht hochwerfen und annehmen
- Ball hochwerfen, Rolle vorwärts machen und Ball sauber annehmen, auch wenn er bereits auf dem Boden aufgetippt ist.

25/30 **Ballkontrolle, An- und Mitnehmen**

- Wir dribbeln zu den Stirnseiten der Halle, spielen den Ball gegen die Wand, nehmen ihn in der Drehung wieder mit und dribbeln zur gegenüberliegenden Seite usw.
- Wir versuchen, den Ball fortlaufend gegen die Wand zu spielen, und zwar flach und halbhoch.
- Wir werfen den Ball hoch gegen die Wand und nehmen den zurückspringenden Ball sauber an.
- Wandstaffel: Der erste Spieler paßt den Ball gegen die Wand, der zweite paßt den Ball gegen die Wand. Wer den Ball geschossen hat, schließt sich hinten wieder an.

25/30 **Ausklang**

Diesmal spielen wir ein Kleinfeldturnier. Dabei spielt jede Mannschaft gegen jede andere.
Beim Auslaufen muß jede Mannschaft so viele Runden laufen, wie sie im letzten Spiel Tore erhalten hat.

**TIPS FÜR DEN TRAINER**

Jeder Spieler hat einen Ball. Zusammenstöße sind zu vermeiden!

Stehen nicht ausreichend Wände zur Verfügung, so können durch Geräte die notwendigen Schußflächen gebaut werden.
Bei den Übungen auf die Beidfüßigkeit achten!
Wer schafft 5 oder 10 Wiederholungen ohne Fehler?

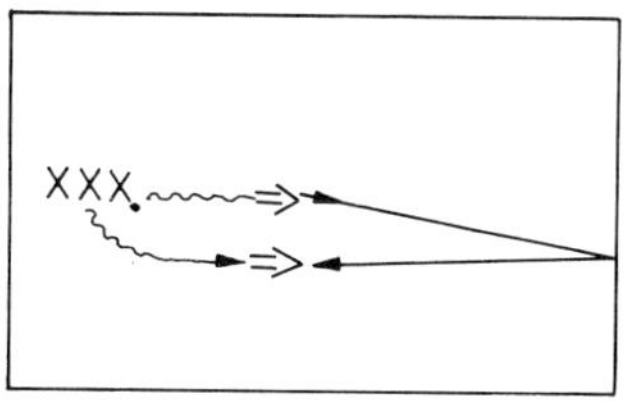

# H 7

**Ziele: Verbesserung des Kopfballspiels**

15/20 **Einstimmen/Aufwärmen**

- Mattenstaffel: Es bilden sich mehrere Gruppen von je 5 bis 7 Spieler. Jede Gruppe hat zwei Matten. Nun gilt es, eine bestimmte Strecke durch Umlegen der Matten zurückzulegen. Dabei darf kein Spieler den Hallenboden berühren.
- Fangspiel: Die Matten liegen in der Halle verstreut und dienen als Freimale.

25/30 **Kopfballspiel**

- Schattendribbling: Ein Spieler mit Ball dribbelt vor, der andere trabt hinterher, Rollenwechsel. Als Variante: Ball wird mit der Hand geprellt.
- Paarweise wird der Ball im Bogen zugeworfen und zurückgeköpft.
- Partner A wirft den Ball hoch und köpft auf das Tor und umgekehrt.
- Im Tor hängen große Reifen. Die Spieler werfen die Bälle hoch und köpfen den Ball durch die Reifen.
- Die Dreiergruppe besteht aus Torwart, Werfer und Kopfballspieler. Der Kopfballspieler steht vor dem Tor und verwandelt die seitlich zugeworfenen Bälle.

25/30 **Ausklang**

Es wird Handball auf zwei Tore gespielt. Die Tore dürfen aber nur mit dem Kopf erzielt werden.
Auf der dicken Weichbodenmatte starten wir Hechtkopfbälle.

**TIPS FÜR DEN TRAINER**

Zwei Spieler haben jeweils einen Ball.

Die Tore stehen in einem Abstand von ca. 5 m gegenüber.

Hechtsprünge auf der Weichbodenmatte sind beliebt. Mit ihrer Hilfe kann der Hechtkopfball gut vorbereitet werden.

15/20 **Einstimmen/Aufwärmen**

- Dribbeln mit dem rechten und linken Fuß
- Ball hochwerfen und sauber annehmen
- Ball aus dem Dribbling mit der Fußsohle stoppen und weiterdribbeln
- Ball jonglieren
- Ball gegen die Wand werfen und mit der Brust stoppen

25/30 **Fußballspezifischer Rundgang**

Der Rundgang kann ohne Unterbrechung mehrmals durchlaufen werden.

Ü 1: Dribbling im Slalomparcours
Ü 2: Ball jonglieren
Ü 3: Ball gegen die Wand werfen und annehmen
Ü 4: Torschüsse
Ü 5: Doppelpaß an der Wand oder der gekippten Langbank
Ü 6: Dribblings
Ü 7: Ball selbst hochwerfen, Kopfball und Ball annehmen
Ü 8: Ball gegen die Wand werfen und mit der Brust stoppen

Nach jedem Rundgang eine Minute Ballschulung. Dann folgt der nächste Rundgang.

25/30 **Ausklang**

Es wird ein Fußballturnier mit Kleinmannschaften gespielt. Dabei spielen die defensiven Spieler gegen die offensiven.
Nach jedem Spiel drei Runden um das Spielfeld auslaufen.

**TIPS FÜR DEN TRAINER**

Jeder Spieler hat einen Ball.

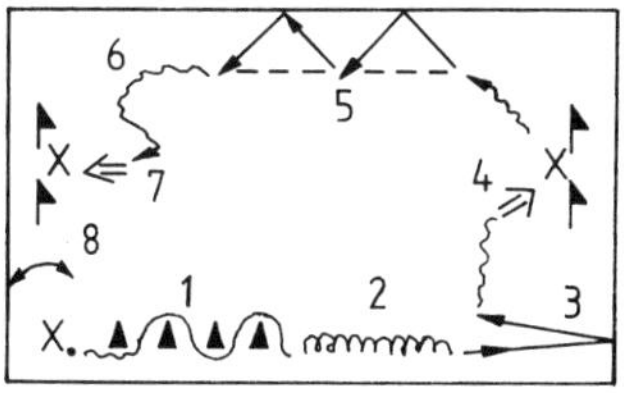

15/20 **Einstimmen/Aufwärmen**

Es wird ein Ziehharmonikalauf in verschiedenen Formen gestartet:

- zum Einlaufen,
- als Wettkampf 1 gegen 1,
- als Staffelwettbewerb.

25/30 **Techniktraining an Stationen**

Station 1: Slalomdribbling

Station 2: Jonglieren des Balles

Station 3: Ball gegen die Wand mit dem Fuß anheben und wieder sauber annehmen

Station 4: Ball fortlaufend gegen die Wand spielen

Station 5: Kopfbälle auf das Tor, wobei der Torwart den Ball dem Spieler ständig zuwirft

Station 6: Möglichst viele Kopfbälle gegen die Wand ohne Unterbrechung durchführen

Hat ein Spieler den Parcours durchlaufen, hat er eine Pause von einer Minute, die er dribbelnd mit dem Ball verbringt.

25/30 **Ausklang**

Spiele mit dem Bierdeckel: Es werden zwei Mannschaften gebildet. Auf Zeichen sammelt jede Mannschaft möglichst viele Bierdeckel.

Alternative: die eine Mannschaft legt die Bierdeckel mit dem Wappen nach oben, die anderen umgekehrt. Wer hat beim Schlußpfiff einen Vorteil?

Auslaufen quer durch die am Boden liegenden Bierdeckel.

**TIPS FÜR DEN TRAINER**

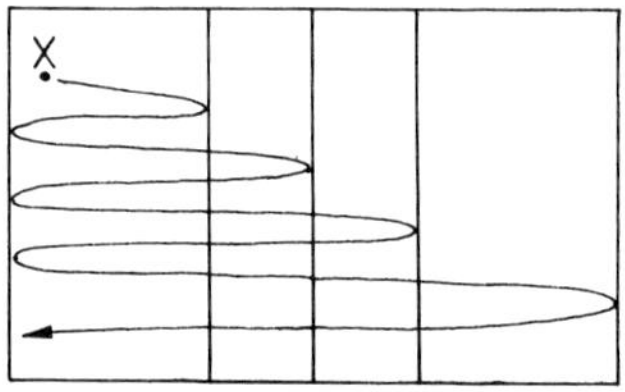

An jeder Station wird etwa 3 Minuten geübt.

An jeder Station können mehrere Spieler zugleich üben.

Variante: Vier Mannschaften sitzen je in einer Hallenecke.

**Ziele: Verbesserung der allgemeinen Fitneß**

# H 10

15/20 **Einstimmen/Aufwärmen**
Die Spieler beschäftigen sich selbst mit dem Ball. Sie üben dabei bekannte Techniken und versuchen neue zu entwickeln.

**TIPS FÜR DEN TRAINER**
Jeder Spieler besitzt einen Ball.

25/30 **Konditionsverbesserung**
An jeder der nachfolgenden Stationen können fünf und mehr Spieler gleichzeitig üben.

Station 1: Fünf Runden durch die Halle langsam laufen; nur eine Langseite wird gesprintet
Station 2: Seilspringen mit beiden Beinen, auf dem rechten und linken Bein
Station 3: Rückenlage, Beine angewinkelt und Medizinball gegen die Wand werfen
Station 4: Aus der Bauchlage Medizinball gegen die Wand werfen
Station 5: Wechselsprünge an einem kleinen Kasten

Der Rundgang kann mehrmals wiederholt werden.

Belastungszeit: 30 bis 45 sec
Erholungsphase: 30 bis 45 sec
Erholungsphasen sind aktiv durch Ballarbeit.

25/30 **Ausklang**
Spiele mit dem Luftballon:

- Luftballon mit den verschiedenen Körperteilen in der Luft halten,
- Luftballon zwischen die Beine klemmen und umherlaufen,
- Luftballons liegen auf dem Boden: Wer berührt zuerst alle gelben Ballons? usw.
- den Luftballon zwischen einem Paar eingeklemmt ins Ziel bringen.

Hand, Ellenbogen, Knie, Nase, Kopf, Ferse usw.

Auch als Staffelwettbewerb möglich!

# H 11

**Ziele: Verbesserung der Schnelligkeit**

15/20 **Einstimmen/Aufwärmen**

- lockeres Traben über 4 bis 6 Hallenlängen
- Dehnübungen
- kräftigende Übungen, wie z. B. Liegestütz usw.
- schnelligkeitsverbessernde Übungen wie kurze Antritte usw.
- Seitgalopp, Hopserlauf, Anfersen, Einbeinsprünge, Schlußsprünge usw.

**TIPS FÜR DEN TRAINER**

Aufwärmen ohne Ball

30/35 **Schnelligkeitstraining**

- Verfolgungsrennen um zwei oder mehrere Langbänke: In der Hallenmitte werden mehrere Langbänke hintereinander aufgestellt, die dann umspurtet werden. Dazu werden zwei Mannschaften gebildet.
- Die Gruppenmitglieder sprinten jeweils nacheinander eine Runde.
- Jede Gruppe absolviert 2 bis 3 Runden.
- Gruppenverfolgung: Gestartet wird an den entgegengesetzten Enden. Der Lauf ist zu Ende, wenn eine Mannschaft die andere erreicht hat.
- Jede Gruppe sprintet eine Runde, dann eine Runde im Trab, dann wieder eine Runde Sprint usw.

Je nach Hallengröße kann dieses Programm mit und ohne Ball durchgeführt werden. Die technischen Fertigkeiten der Spieler sind auch zu berücksichtigen.

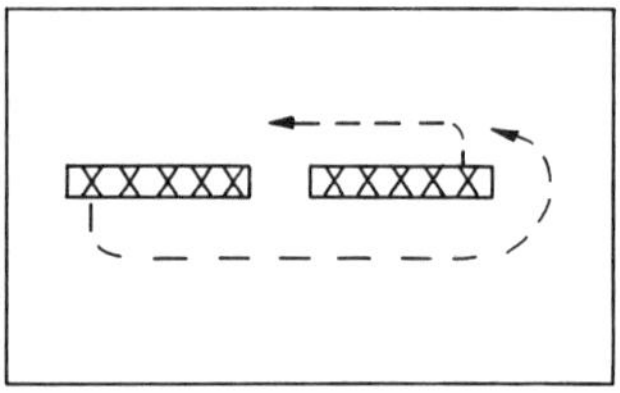

Bei aller Wettkampfmotivation die Aufgabenstellung so wählen, daß die Spieler die nötigen Pausen erhalten. Schnelligkeitstraining ist kein Schnelligkeitsausdauertraining.

35/40 **Ausklang**

Zum Abschluß wird ein Turnier ausgetragen. Die Mannschaftsgröße sollte bei 3 bis 4 Spielern liegen. Bildet man kleinere Mannschaften, kann auch quer gespielt werden. Auslaufen!

Je nach Hallengröße!

**Ziele: Verbesserung der allgemeinen Kondition durch Partnerübungen** H 12

20/25 **Einstimmen/Aufwärmen**
Lockeres Traben und Kombinieren
- Zupassen mit der Innen- und Außenseite
- Schattenlaufen
- Dribblings 1 gegen 1 mit aktivem Gegenspieler
- Dehnübungen einflechten
- Ball jonglieren, Ball hochhalten

30/35 **Konditionsverbesserung durch Partnerübungen**
- Liegestützkampf: Beide Spieler im Liegestütz mit dem Gesicht zueinander versuchen dem anderen auf die Hände zu klopfen.
- Die Partner sitzen Rücken an Rücken mit eingehakten Armen. Jeder versucht den anderen auf die Seite zu drücken.
- Ziehkampf: An einer Hallenlinie versuchen sich die Partner hinüberzuziehen.
- Jeder trägt seinen Partner eine Runde Huckepack.
- Ringkampf: Ein Partner liegt in Bauchlage, der andere muß ihn in die Rückenlage bringen, danach Rollenwechsel.
- Sprinterwettkampf oder Verfolgungsrennen um eine Langbank.
- Wer schafft die meisten Klimmzüge an einer Reckstange?

35/40 **Ausklang**
In kleinen Mannschaften wird Fußballtennis gespielt.
Auslaufen!

**TIPS FÜR DEN TRAINER**
Zwei Spieler erhalten einen Ball.

Die folgenden Übungen laufen als Partnerübungen. Das führt zur Verbesserung der Kondition auf spielerischer Art.
Die Übungen können nacheinander oder von allen gleichzeitig ausgeführt werden.
Auch ein Stationstraining mit Einheiten von 30 bis 45 sec ist möglich. Nach dem Durchlaufen der 7 Stationen ist eine aktive Erholungsphase nötig.

| | | |
|---|---|---|
| 20/25 | **Einstimmen/Aufwärmen**<br>Jede Gruppe hat einen Ball. Damit werden nachfolgende Übungen trainiert.<br>• Einspielen durch verschiedene Zuspielkombinationen<br>• Kleine Spiele 5 gegen 1 oder 4 gegen 2<br>• Hochhalten des Balles in der Gruppe mit Füßen, Oberschenkeln und Kopf | **TIPS FÜR DEN TRAINER**<br>Es werden Gruppen mit 4 bis 6 Spielern gebildet. |
| 30/35 | **Technikverbesserung in Gruppenarbeit**<br>• in einem vorgegebenen Feld fortwährend direktes Zuspiel aus der Bewegung üben<br>• Zuspiel mit Entgegenlaufen<br>• Zick-Zack-Pässe im Stand bei Gassenaufstellung<br>• Ball jonglieren in der Gruppe<br>• verschiedene Torschußvarianten: A dribbelt auf das Tor zu, B folgt A, A legt den Ball mit der Sohle zurück und B schießt auf das Tor<br>• Zuspielkombinationen mit nachfolgendem Torschuß | Je Station 4 bis 6 Minuten üben! |
| 35/40 | **Ausklang**<br>In Turnierform wird Fußballtennis gespielt.<br>Auslaufen! | Anwendung der erlernten technischen Fertigkeiten |

**Ziele: Verbesserung der Technik in Spielsituationen**



15/20 **Einstimmen/Aufwärmen**

- Zehnerfang als Handball: Je zwei Sechsergruppen spielen gegeneinander. Jede Gruppe versucht, sich den Ball zehnmal ohne Berührung durch den Gegner zuzuspielen.
- Fangspiel ohne Ball: Nr. 1 fängt Nr. 2, Nr. 2 fängt Nr. 3 usw.
- Fangspiel ohne Ball: Nr. 1 fängt Nr. 2. Die restlichen Nr. haben eine Pause. Dann fängt Nr. 2 die Nr. 3 usw.

30/35 **Technikverbesserung in Spielsituationen**

- Spiel „Handball-Kopfball“ auf ein Tor
- Slalomdribbelstaffel mit Torschuß
- Gespielt wird 4 gegen 2 oder 5 gegen 1 in begrenztem Feld
- Sprintwettbewerbe mit dem Ball
- Balljonglieren

35/40 **Ausklang**

Zuerst startet ein Überzahl-/Unterzahlspiel, bei dem die Rollen gewechselt werden.
Dann folgt ein Spiel mit zwei gleichstarken Mannschaften.
Auslaufen!

**TIPS FÜR DEN TRAINER**

Wir bilden Sechsergruppen.
Jede Gruppe erhält einen Ball.

Übungszeit pro Station liegt bei 4 bis 6 Minuten. Nach jeder Station zwei Runden leichtes Traben als aktive Erholung.

Bei den Stationen 4 und 5 wird die Gruppe in zwei Mannschaften zu je 3 geteilt. In der Halbzeit erfolgt Aufgabenwechsel.

# H 15

**Ziele: Verbesserung der allgemeinen Kondition**

20/25 **Einstimmen/Aufwärmen**
Verschiedene Staffelformen mit und ohne Ball

30/35 **Verbesserung der Kondition**

- Hindernisstaffel: Auf dem Weg zum Wendemal sind folgende Hindernisse zu überwinden:
  - Sprint zur ersten Matte, Rolle vorwärts,
  - Bock mit Grätschsprung überwinden,
  - Langbank mit 5 Hockwenden überspringen,
  - Matte auf dem rechten Bein umhüpfen,
  - dann Sprint zur Wendemarke und zurück,
- Staffeln mit Bällen
  - Bälle über Matten jonglieren
  - 10 Direktpässe gegen die Langbank
  - durch einen Hütchenslalom dribbeln
  - Ball fünfmal gegen die Wand werfen und annehmen
- Staffeln mit dem Medizinball
  - Sprint zur Matte, Medizinball hinlegen und 5 Sprünge über den Ball
  - Medizinball zwischen die Füße klemmen, hochscheppern und wieder auffangen, fünfmal
  - Medizinball am bestimmten Punkt fünfmal gegen die Wand werfen und wieder auffangen

35/40 **Ausklang**
Wir spielen Raufball mit dem Medizinball in kleinen Gruppen. Auslaufen!

**TIPS FÜR DEN TRAINER**
Jede Gruppe hat 4 bis 6 Spieler.

# 3.5 Sondertraining für die einzelnen Mannschaftspositionen

# S 1 Sondertraining: Torwart

## Torwarttraining

Für ein Spezialtraining des Torwartes sind in den verschiedenen Entwicklungsphasen bei Kindern und Jugendlichen recht unterschiedliche Anforderungen zu stellen.

### Phase 1 (Kinder bis 10 Jahre)

Beobachtungen zeigen, daß in dieser Altersstufe zumeist Spieler das Tor hüten, die - aus welchem Grund auch immer - sich nicht als Feldspieler eignen. Doch das Spiel- und Übungsangebot ist in dieser ersten Phase ja vielseitig und soll einer allgemeinen Grundausbildung dienen. Daher erscheint es durchaus sinnvoll zu sein, wenn jeder Spieler einmal die Position des Torwarts einnimmt. Das soll gelten bei Trainings-, aber auch bei Meisterschaftsspielen.

Daher müssen auch alle Kinder im Hinblick auf eine allgemeine Ballschulung nicht nur durch Spielen mit dem Fuß, sondern auch mit den Techniken des Torwartes vertraut gemacht werden. Folgende Übungen sollen daher von allen absolviert werden: den Ball fangen, den Ball fausten, nach dem Ball hechten, sich beim Fallen geschickt abrollen, den Ball aus der Hand abschlagen, herauslaufen und den Ball mit dem Fuß abwehren, die richtige Position bei Standardsituationen (Eckball, Freistoß) einnehmen.

### Phase 2 (10 bis 14 Jahre)

Gegen Ende der ersten Phase hat sich dann der eigentliche Torwart herauskristallisiert. Damit beginnt auch eine Spezialisierung auf seine besondere Aufgabe.

Da der Jugendliche gerade in der vorpuberalen Phase (10 bis 12 Jahre) sein bestes Lernalter erreicht, bieten sich gute Lernansätze. Diese zeigen sich in
- der gut entwickelten Antizipation, im Vorwegerkennen der Flugbahn des Balles, im Vorausschauen der Bewegungen der Mit- und Gegenspieler,
- der Zunahme der Körpermuskulatur,
- den ausgeglichenen Körperproportionen,
- der stark verbesserten Koordination,
- der vorhandenen Schnellkraft und der verbesserten Reaktionsfähigkeit dank Steigerung der intermuskulären Koordination,
- der guten Trainierbarkeit von Gelenkigkeit und Beweglichkeit.

Ziel dieser Phase muß es sein, die bereits oben genannten Techniken des Torwartes in der Grobform zu entwickeln und sie zu verfeinern.

In der puberalen Phase (12 bis 14 Jahre) setzt nun das Längenwachstum ein. Die Bewegungen werden disharmonisch. In dieser Zeit der Labilität und Instabilität geht es darum, daß der Jugendliche sein Interesse an der Aufgabe des Torwartes behält. Jetzt ist auch das Torwarttraining auf die Stabilisierung seines bisherigen Könnens ausgerichtet. Dabei sind vor allem Beweglichkeit und Gewandtheit zu trainieren. Ist das Training gut aufgebaut, können die Jugendlichen ihre motorischen Grundverhaltensmuster erhalten.

**Phase 3 (14 bis 18 Jahre)**

Der Jugendliche kommt nun in sein zweites Lernalter. Die Körperproportionen nähern sich langsam denen der Erwachsenen. Das technische und taktische Leistungsvermögen des Torwartes muß weiter verbessert und verfeinert werden. Er muß die Beherrschung in Standardsituaionen kennenlernen. Er muß sicher den Ball fangen, den Ball mit einer oder zwei Händen wegfausten, zum richtigen Zeitpunkt herauslaufen, den Ball mit dem Fuß abwehren, seine Vorderleute dirigieren, die Spielzüge der Angreifer vorausschauen, Abwehrmöglichkeiten bei Alleingängen gegnerischer Spieler erproben, Mauern richtig einstellen, Strategien gegen Elfmeter entwickeln und manches mehr. Dabei ist es wichtig, daß ihm die Entwicklung eines individuellen Stils gelingt.

## Auf dem Platz

### Einstimmen/Aufwärmen

Jeder Torwart hat einen Ball.

- Umherlaufen und dabei den Ball auftippen
- Ball locker hochwerfen und fangen, im Stand und im Laufen
- Ball hochwerfen und im Sprung fangen, ebenfalls im Stand und in der Bewegung
- Ball schräg nach vorne werfen und in der Luft abfangen

### Übungsphase

Die nachfolgenden Übungen erfolgen in Partnerform.

- Die beiden Torleute werfen einander den Ball zu und fangen ihn (brusthoch, leicht seitwärts rechts und links, über Kopf, als harter Aufsetzer usw.)
- Die beiden Torleute spielen sich den Ball als Drop-Kick zu.
- Der Torwart steht an der 5-m-Linie. Jetzt wirft der Spieler den Ball in die lange Ecke.
- Der Torwart steht mit gegrätschten Beinen etwa 7 bis 8 m vor dem Tor. Der Trainer paßt den Ball durch die Beine des Torwartes. Dieser vollzieht eine Wende und versucht den Ball mit einem Hechtsprung festzuhalten.
- Der Torwart wirft einen Ball senkrecht hoch und hechtet nach einem zweiten Ball, den ihm der Trainer zuwirft. Dann springt er schnell auf, um den ersten Ball zu fangen, bevor dieser den Boden berührt.
- Der Torwart steht in einem Fähnchentor. Vor und hinter dem Tor steht jeweils ein Spieler. So wird der Torwart im Wechsel von beiden Seiten gefordert. Hierbei ist schnelles Drehen und Wenden gefragt.

Der Torwart steht im Tor. Fünf bis sechs Spieler kombinieren im Strafraum. Der Torwart verändert entsprechend der Spielsituation sein Stellungsspiel.

- Die Situation ist die gleiche wie bei der vorhergehenden Aufgabe. Nur diesmal geben die Spieler auch Torschüsse ab.
- Der Torwart steht im Tor. Davor stehen drei Angreifer, die unbehelligt Flanken verwandeln, die von außen hereingeschlagen werden.
- Ausgehend von der letzten Übung sind diesmal noch zwei Abwehrspieler dabei.
- Es werden weiter Flanken vor Tor gebracht und von den Angreifern verwandelt. In den Zwischenzeiten schießen andere Spieler Direktschüsse von der Strafraumgrenze. Dann ergibt sich eine Reihenfolge wie Flanke rechts, Torschuß vom Strafraum, Flanke von links usw.
- Einige Spieler dribbeln auf das Tor zu und versuchen den herauseilenden Torwart zu umdribbeln.

**Tips für Trainer**

- Jedes Torschußtraining ist auch zugleich Torwarttraining.
- Der Torwart muß grundsätzlich in der Wettkampfumgebung belastet werden.
- Fast jeder Torwart hat eine schwächere Seite. Diese muß beim Torwarttraining stärker berücksichtigt werden.
- Die Torwartleistung bezüglich des konditionellen und technischen Bereiches kann in Einzelübungen verbessert werden, wie z. B. durch Sprungkraftschulung, Hechten und Fangen, Stellungsspiel, Abschlag aus der Hand, weite Abwürfe usw.

## In der Halle

Nachfolgende Übungen können in der Sporthalle für die Torwarte ein besonders wichtiges Training sein.

- Zwei Torleute werfen sich einen Ball/Medizinball im lockeren Trab zu.
- Zwei Torleute werfen sich einen Ball/Medizinball in einem Bogen zu und fangen ihn im Sprung.
- Ein Torwart wirft einen Ball hoch, anschließend springen beide nach dem Ball, um ihn zu fangen.
- Fallübungen auf der Weichbodenmatte:
  - Fußball nach rechts und links zuwerfen. Der Torwart versucht, ihn zu fangen.
  - Fußball wird nach rechts und links zugeworfen. Der Torwart steht in der Hocke und versucht, den Ball zu fangen.
  - Der Torwart macht eine Rolle vorwärts. Danach versucht er den geworfenen Ball zu fangen.
- Die Weichbodenmatte liegt vor der Wand. Der Torwart steht auf der Matte, circa drei Meter vor der Wand und mit dem Rücken dorthin.
  - Der Partner wirft den Ball gegen die Wand. Der Torwart dreht sich schnell um und muß den zurückspringenden Ball fangen.
  - Der Torwart steht mit dem Gesicht zur Wand und soll den geworfenen Ball fangen.

## S 2 Sondertraining: Außenverteidiger

- Ein Mittelfeldspieler spielt den Außenstürmer an, der von einem Verteidiger gedeckt wird. Der Verteidiger versucht, in Ballbesitz zu kommen. Gelingt dies, spielt er den Ball zum Mittelfeldspieler zurück.
- Ein Außenstürmer wird von einem Verteidiger beschattet. Durch plötzlichen Antritt versucht der Außenstürmer sich vom Verteidiger zu lösen. Dann erfolgt das Anspiel durch den Mittelfeldspieler.
- Wieder spielt der Mittelfeldspieler den Außenstürmer an. Der Verteidiger versucht in Ballbesitz zu kommen. Der Ballbesitzer strebt auf das Tor und gibt einen Torschuß ab.
- Der Mittelfeldspieler spielt den Außenstürmer an, der Außenverteidiger versucht sich in Ballbesitz zu bringen. Mißlingt dies, läuft der Außenstürmer auf das Tor zu, wird aber dann noch vom Libero angegriffen. Der Außenstürmer kann nun zum mitgelaufenen Mittelfeldspieler passen oder sich selbst durchdribbeln. Dann erfolgt der Torschuß.
- Der Mittelfeldspieler spielt den Ball hoch auf den Außenstürmer, so daß dieser mit dem Kopf annehmen muß. Der Außenverteidiger versucht, den Ball wegzuköpfen.

Neben einem sicheren Abwehrverhalten, einem guten Stellungsspiel zu Ball und Gegner werden von einem Außenverteidiger auch offensive Qualitäten erwartet. Das heißt, nach dem Erkämpfen des Balles muß er gleich zum Konterspiel übergehen. Dies kann trainiert werden duch ein aufgebautes Kleintor an der Mittellinie.

## S 3 Sondertraining: Libero

Der Libero spielt zumeist als freier Mann hinter der Abwehr. Er gilt als letzter Helfer, wenn einer seiner Vorderspieler ausgespielt wurde. Von daher benötigt er ein besonders gutes Stellungsspiel und eine gekonnte Raumaufteilung. Vielfach leitet er den Angriff ein, wenn die Mannschaft sich in der Offensive befindet. Aus diesen Eignungsmerkmalen leiten sich auch die Aufgaben für ein Sondertraining ab.

- Der Libero steht im Abwehrbereich und fängt die weiten Pässe der Mittelfeldspieler A.
- Der Libero steht im Abwehrbereich und fängt die Flugbälle der Mittelfeldspieler durch eine Kopfballabwehr ein.
- Der Libero steht im Abwehrbereich, fängt die weiten Bälle der Mittelfeldspieler ab und leitet sofort einen Gegenangriff ein, indem er die Mittelfeldspieler direkt anspielt.
- Beim Spiel auf ein Tor spielen ein Torwart, ein Verteidiger, der Libero, ein Stürmer und ein Mittelfeldspieler. Durch das Zusammenspiel Stürmer und Mittelfeldspieler wird der Verteidiger ausgespielt. Der Libero versucht den durchgebrochenen Stürmer durch geschicktes Stellungsspiel zu attackieren.
- Es erfolgt ein Spiel auf ein Tor mit Torwart, Libero, zwei Angreifern und zwei Verteidigern sowie einem Mittelfeldspieler als Vorlagengeber. Der Libero tritt immer wieder für ausgespielte Abwehrspieler ein.
- Das gleiche Spiel in der gleichen Besetzung kann auch bei einem Verhältnis der Angreifer und Abwehrspieler von 3 zu 3 gespielt werden.
- Im Spiel wird auch das Überzahl- (Angreifer) und Unterzahlspiel (Abwehrspieler) geübt. Hierbei hat der Libero immer den Raum zu decken.
- Gespielt wird auf zwei Tore. Fängt der Libero oder ein Abwehrspieler den Ball ab, kann direkt ein Konter eingeleitet werden.

## S 4 Sondertraining: Mittelfeldspieler

Die Mittelfeldspieler sind in der Defensive und Offensive dabei. Sie verstärken die Abwehr und gestalten das Angriffsspiel mit. Vom Verhindern der Tore bis zum Torschuß erstreckt sich ihr „Spielbereich“.

- Mehrere Spieler bewegen sich frei in einem abgegrenzten Raum. Der Mittelfeldspieler spielt diese Spieler an und erhält den Paß zurück. Das Anspiel erfolgt in den Lauf oder in den freien Raum.
- Der Mittelfeldspieler hat nur zwei Ballkontakte zwischen jedem Abspiel.
- Der Mittelfeldspieler leitet den Ball direkt weiter.
- Statt der bisher geübten Kurzpässe im abgegrenzten Raum spielt der Mittelfeldspieler nun lange Flugbälle.
- Zu den Spielern, die angespielt werden sollen, gesellt sich nun ein Abwehrspieler. Sobald sich ein Spieler freiläuft, erfolgt der Paß durch den Mittelfeldspieler.
- Ein Angreifer muß sich so freilaufen, daß er vom Mittelfeldspieler angespielt werden kann, ohne daß der Verteidiger eine Chance zum Eingreifen hat.
- Dieses Spiel zwischen den drei Spielern wird nun mit einem Torschuß abgeschlossen.
- Weitere Spielmöglichkeiten sind: 2 gegen 2 plus Mittelfeldspieler oder 3 gegen 3 mit Mittelfeldspieler, aber immer auf ein Tor.

Beim Mittelfeldspieler sind im offensiven Bereich folgende Aspekte zu üben:

- das genaue Zuspiel in die Spitze,
- Schüsse aus der zweiten Reihe,
- Doppelpässe mit den Angreifern,
- Verlagerung des Spiels.

## S 5 Sondertraining: Außenstürmer

Bei der heute gebräuchlichen Spielweise kann man nicht mehr von einem „Nur-“ Außenstürmer sprechen. Durch ständiges Rochieren der Spieler werden die einzelnen Positionen fortlaufend gewechselt. Daher wird auch zumeist von „Angriffsspitzen“ gesprochen. Dennoch sind die Qualitäten des „Außen“ auch heute noch sehr wichtig. Von daher ist ein Sondertraining der Angreifer allgemein sinnvoll. Aber auch Abwehrspieler oder Mittelfeldspieler befinden sich manchmal in dieser Position.

- Der Spieler führt den Ball in schnellem Dribbling an der Außenlinie entlang in Richtung Grundlinie und flankt auf das Tor.
- Die gleiche Übung wird mit Überspielen eines Abwehrspielers trainiert.
- Nach dem Anspiel durch einen Mittelfeldspieler überspielt der Außenstürmer seinen Abwehrspieler und flankt vor Tor.
- Der Außenstürmer geht innen an seinem Verteidiger vorbei und schießt auf das Tor.
- Der Außenstürmer schlägt Flanken auf das kurze Eck, danach auf das lange Eck.
- Der Außenstürmer schlägt Flanken aus dem Stand und aus vollem Lauf.
- Der Außenstürmer schlägt die Flanken flach, halbhoch und hoch.
- Der Außenstürmer zieht seine Flanken direkt von der Außenlinie herein, nach Möglichkeit in den Rücken der Verteidigung.

## S 6 Sondertraining: Mittelstürmer

Der Mittelstürmer entwickelt großen Drang zum Tor. Er versucht dies mit Torschüssen und Kopfbällen. Außerdem muß er ein guter Dribbler sein. Demnach sind auch die Anforderungen für ein Sondertraining.

- Schüsse aus allen Positionen auf das Tor sind zu üben.
- Torschüsse werden trainiert, nachdem ein Gegenspieler ausgeschaltet wurde.
- Torschüsse aus dem direkten Zweikampf heraus werden abgegeben.
- Ein Mittelfeldspieler spielt den Mittelstürmer an, der von einem Abwehrspieler gedeckt wird. Dann erfolgt der Rückpaß zum Mittelfeldspieler.
- Wieder erfolgt Anspiel durch den Mittelfeldspieler. Durch eine Täuschung löst sich der Mittelstürmer von seinem Abwehrspieler und schießt auf das Tor.
- Die Bälle werden dem Mittelstürmer halbhoch zugespielt. Nach der Annahme erfolgt die Täuschung, dann der Torschuß.
- Die Bälle werden hoch vor Tor geschlagen. Der Mittelstürmer muß sich gegen den Abwehrspieler durchsetzen, damit er zum Kopfball kommt.
- Der Mittelfeldspieler spielt den Mittelstürmer an, dieser läßt abprallen. Nun kann der Mittelfeldspieler erneut den Paß auf den Mittelstürmer geben, damit dieser zum Torschuß kommt.
- Es kommen flache und hohe Flanken vom Außenstürmer vor Tor. Der Mittelstürmer soll sie verwandeln gegen den Abwehrspieler.

## 3.6 Hinweise zur Taktik

# T 1 Taktik

Die Entwicklung des taktischen Spielverständnisses hängt eng mit der Entwicklung der geistigen Fähigkeiten eines Spielers zusammen. Deshalb muß sich die taktische Schulung an der geistigen Entwicklung der Kinder und Jugendlichen orientieren.

Im Alter von 5 bis 10 Jahren (Bambini, F- und E-Jugend) erfassen die Kinder lediglich die Grundidee des Spiels, nämlich „Tore erzielen und verhindern“. In diesem Alter reicht die Abstraktionsfähigkeit nicht aus, um z. B. Erklärungen taktischer Art an der Tafel im Spiel umzusetzen. Es muß das Ziel des Trainers in dieser Altersstufe sein, durch entsprechende, überschaubare Spielsituationen langsam und unterbewußt ein taktisches Verständnis zu entwickeln. Typisch in dieser Altersstufe sind die „Spielertrauben“. Alle Kinder rennen hinter dem Ball her.

In der D-Jugend (10 bis 12 Jahre) nehmen die geistige Entwicklung und Abstraktionsfähigkeit zu. Jetzt können einfache taktische Grundlagen vermittelt und umgesetzt werden, wie z. B. die Aufgabe, einzelne Positionen innerhalb der Mannschaft einzuhalten. Dabei kann man bekannte Stars der Bundesliga in ihren Positionen zur Anschauung nehmen.

In der C-Jugend (12 bis 14 Jahre) erreicht die geistige Entwicklung für diese Zielstellung einen ersten Höhepunkt. Hier müssen alle wichtigen taktischen Grundlagen erarbeitet werden. Da bei vielen Spielern in der technischen Entwicklung schon ein bestimmtes Niveau erreicht ist, kann jetzt der Blick vom Ball gelöst werden und die Konzentration auf die taktischen Aspekte und deren Erarbeitung gelenkt werden.

In den nachfolgenden Jahren (A- und B-Jugend) werden diese Entwicklungstendenzen weiter ausgebaut und unter Wettkampfbedingungen gefestigt.

## T 2 Leitsätze der Taktik

Nachfolgend werden einige wichtige Grundbegriffe und Leitsätze, die bei der Entwicklung des taktischen Spielverständnisses von Bedeutung sind, aufgezeigt.

Individualtaktik:

Verhalten des Einzelspielers in der Auseinandersetzung mit dem Gegenspieler, wie z. B. Freilaufen, Dribbling, Abspiel, Torschuß, Stellungsspiel, Tackling, Rempeln, Torschuß, abblocken usw.

Gruppentaktik:

Jetzt geht es in der Zusammenarbeit mit den eigenen Mitspielern um das Verhalten gegenüber der gegnerischen Mannschaft, wie z. B. Freilaufen, Doppelpaß, Übergeben oder Übernehmen des Balles, Spiel über die Flügel, Mann- bzw. Raumdeckung, Abseitsfalle usw.

Mannschaftstaktik:

Hierunter verstehen sich Maßnahmen, bei denen die gesamte Mannschaft im Spiel gegen eine andere Mannschaft zusammenwirken soll, wie z. B. Spielsysteme, Konter, Spiel auf Zeit usw.

Durch geeignete Spielformen können nun bestimmte taktische Elemente je nach Altersstufe der Spieler entwickelt werden. Dies geschieht unter anderem durch Überzahl- und Unterzahlspiele.

## T 3 Möglichkeiten gegen eine verstärkte Abwehr

- Schüsse aus der zweiten Reihe
- Positionswechsel in häufiger Folge
- Spiel über die Flügel intensivieren
- Die Außenstürmer an der Außenlinie anspielen
- Dribblings und nachfolgende Flanken
- Doppelpässe
- Tempowechsel
- Spielverlagerung

## T 4 Schulung des Konterspiels

Das Konterspiel aus einer verstärkten Abwehr kommt häufig zum Einsatz gegen leistungsstärkere Mannschaften oder bei Auswärtsspielen. Um ein erfolgreiches Konterspiel aufziehen zu können, sind hauptsächlich folgende Voraussetzungen wichtig:

- schnelle und dribbelstarke Angriffsspieler,
- Einschalten der Abwehrspieler in den Angriff,
- Fähigkeit der Spieler, lange Pässe zu spielen.

Dazu ein Übungsangebot:

- Zuspielkombinationen in einer Zweier- oder Dreiergruppe mit langen Pässen
- Spiel 6 gegen 6 oder 7 gegen 7 auf ein Normaltor mit Torwart. Die abwehrende Mannschaft versucht in Ballbesitz zu kommen und auf zwei kleine Fähnchentore an der Mittellinie zu kontern.

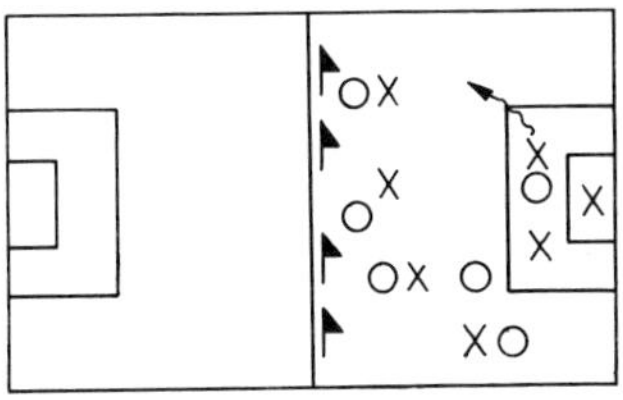

- Spiel wie oben, Konter durch lange Diagonalpässe einleiten
- Spiel wie oben, zusätzlich müssen alle Spieler der angreifenden Mannschaft aufrücken, z. B. aus dem Strafraum.
- Spiel wie oben, mit einem zusätzlichen Taburaum in der Mitte des Spielfeldes, so daß die Angriffe über die Flügel vorgetragen werden müssen.

## T 5 Allgemeine Merksätze

- Beim Dribbeln den eigenen Körper zwischen Ball und Gegenspieler bringen
- Zum Mann am Ball hingehen
- Den Ball nicht springen lassen
- Dem Ball entgegengehen
- Sich vom Gegenspieler lösen, wenn die eigene Mannschaft in Ballbesitz kommt oder ist
- Jeder Spieler muß auch ohne Ball mitspielen.
- Den Mitspieler durch ständiges Anbieten unterstützen.

## 3.7 Zielgerichtete Trainingsschwerpunkte

## Merkwerte und Planungshilfen für das Konditionstraining in den jeweiligen Entwicklungsphasen

Wie bereits vorher erwähnt, ist die Phaseneinteilung eine Hilfe für den Trainer. Die Spieler entwickeln sich kontinuierlich, so daß es gewisse Grauzonen bzw. Übergänge zwischen den Phasen gibt. Entsprechend flexibel müssen auch die Angebote sein.

Folgende Merksätze können eine zusätzliche Hilfe für Trainer und Übungsleiter sein.

- Vorpuberale Phase
  Maximalkraft und Kraftausdauer sind nur bedingt zu verbessern. Schnellkraft ist dagegen gut trainierbar. Das Ziel in dieser Phase ist die Kräftigung aller wichtigen Muskelgruppen durch spielerische Übungen.
  Schnelligkeitstraining sollte schon hier beginnen, d. h. Reaktion, Grundschnelligkeit und Schnellkraft sind gut zu verbessern. Schnelligkeitsausdauer dagegen sollte nicht trainiert werden (geringe anaerobe Kapazität).
  Die Kinder dieser Entwicklungsphase sind gut ausdauertrainierbar (in spielerischer Form im aeroben Bereich). Hier ist auch das beste motorische Lernalter. In dieser Zeit sollen alle wichtigen Techniken in kindgemäßer Form angeboten werden. Auch die koordinativen Fähigkeiten erreichen in diesem Alter (7 bis 10 Jahre) einen Höhepunkt (Geschicklichkeitsalter).
- Erste puberale Phase
  Maximalkraft, Kraftausdauer und Schnellkraft sind gut trainierbar. Wegen der ungünstigen Hebelverhältnisse (Längenwachstum) erscheint der Zuwachs rein äußerlich als gering.
  In dieser Phase sind gute Voraussetzungen zur Verbesserung der aeroben Ausdauer vorhanden. („Wird in dieser Zeit die Anpassung im aeroben Bereich nicht ausreichend gefordert, wird die an sich biologisch mögliche Ausdauerbelastung im Erwachsenenalter nicht mehr erreicht." Vgl. Fußballpraxis, 3. Teil, Jugentraining I.) Diese Versäumnisse können später nicht mehr aufgeholt werden (allerdings Verzicht auf anaerobes Ausdauertraining!).
  Die motorische Lernfähigkeit nimmt deutlich ab. Erarbeiten von neuen Fertigkeiten ist erschwert. Der Schwerpunkt liegt daher auf der Festigung der bekannten Elemente.
- Zweite puberale Phase
  Maximalkraft und Schnellkraft sind jetzt gut trainierbar (z. B. verbesserte Hebelverhältnisse). Schwerpunkt wird nun auch das Kraftausdauertraining.
  Das Training der aeroben Ausdauer hat hier nun seinen Platz. Die Technik wird verfeinert und automatisiert und durch Wettkampfbelastung stabilisiert. Das Training der Koordination zeigt sich jetzt wieder erfolgreicher.

## Z 1 Ausdauertraining im Kindesalter (E - C-Jugendmannschaften)

Die Spieler werden langsam und methodisch gestuft an ein langsames und ausdauerndes Laufen herangeführt.

- Schätzlaufen:
  Die Spieler versuchen, 1 oder 2 Minuten mit oder ohne Ball zu laufen. Wer glaubt, daß die Zeit verstrichen ist, setzt sich hin. Wer hat das beste Zeitgefühl? Diese Übung wird mehrmalig wiederholt mit unterschiedlichen Zeiten (z. B. 30 sec, 90 sec, 3 min).
  Variante: Je zwei Spieler laufen zusammen und passen sich den Ball zu.
  Die gleiche Übung kann auch in einer Dreiergruppe vollzogen werden.

- Tempo einhalten:
  Es wird eine größere Runde auf dem Platz abgesteckt. Diese soll möglichst genau in 20 sec, 30 sec oder 40 sec durchlaufen werden. Jeweils nach der Hälfte der vorgegebenen Zeit pfeift der Trainer. Hier müßte jeder etwa eine halbe Runde gelaufen haben.
  Ist er zu schnell oder zu langsam, kann er sein Tempo in der zweite Rundenhälfte regulieren.

- Rundenlaufen:
  Auf dem Platz oder auch in der Halle wird wieder eine Runde abgesteckt. Die Spieler laufen 5 oder 10 Runden. Am Ende stoppt der Trainer die Zeit. Jetzt laufen die Spieler die gleiche Rundenzahl in der entgegengesetzten Richtung und versuchen, genau die gleiche Zeit wieder zu laufen.

- Biathlon:
  Allen ist die Kombination von Skilanglauf und Schießen bekannt. Hier findet eine gewisse Abwandlung statt. Die Spieler absolvieren mehrere Runden und müssen an bestimmten Positionen Zielschüsse ausführen. So kann es Zielschüsse auf Kegel, durch ein kleines Tor oder auf einen Medizinball geben. Der Spieler sollte bei 5 Versuchen mindestens dreimal treffen. Erreicht er jedoch keine drei Treffer, muß er eine kleine Strafrunde laufen.

- Intervall-Läufe:
  Der Trainer trabt mit den Spielern entsprechend ihrer Leistungsfähigkeit eine bestimmte Strecke. Diese Strecke wird von Pausen unterbrochen, in denen Ballgymnastik absolviert wird. Dann erfolgt das nächste Intervall.

- Schätzlauf:
  Nachdem sich bei den Spielern ein Tempogefühl entwickelt hat, kann folgender Schätzlauf angeboten werden: Die Spieler kennen genau die Länge der Strecke. Jeder Spieler gibt an, in welcher Zeit er die ihm bekannte Strecke möglichst exakt zurücklegen will. Wer kommt der von ihm genannten Zeit am nächsten?
- Figurenraten:
  Der erste Läufer einer Gruppe läuft eine Figur wie z. B. ein Haus. Die übrigen Gruppenmitglieder müssen die Figur erraten. Allerdings darf nur jeder einmal raten. Wer die Figur erraten hat, darf die Spitzenposition übernehmen und eine neue Figur laufen, die erraten werden muß.

Diese und weitere Laufmöglichkeiten können sowohl auf dem Sportplatz als auch in der Sporthalle oder im freien Gelände zur Durchführung kommen. Die Laufarbeit kann natürlich weitgehend auch vom Ball und mit Zuspielkombinationen begleitet werden.

## Stretching

Nicht nur die Flexibilität und die koordinativen Fähigkeiten des Muskels werden durch Dehnübungen verbessert, die Muskulatur wird auch besser durchblutet und dadurch belastbarer. Deshalb gehören Dehnübungen unbedingt mit in das Aufwärmprogramm.
Am besten ist es, einige wenige, aber zweckmäßige Übungen auszusuchen. Jeder Spieler tastet sich behutsam an den persönlichen Grenzbereich heran und dehnt nach eigenem Gefühl über eine Zeitspanne von 10 bis 20 sec. Es spricht übrigens nichts dagegen, mit dem Dehnprogramm schon im Umkleideraum zu beginnen.
Nach belastenden Trainingsformen werden gymnastische Entspannungsübungen mit eingeplant, um die Elastizität und Leistungsbereitschaft der Muskulatur zu erhalten.

**Ein Basisprogramm für die wichtigsten Muskelgruppen**

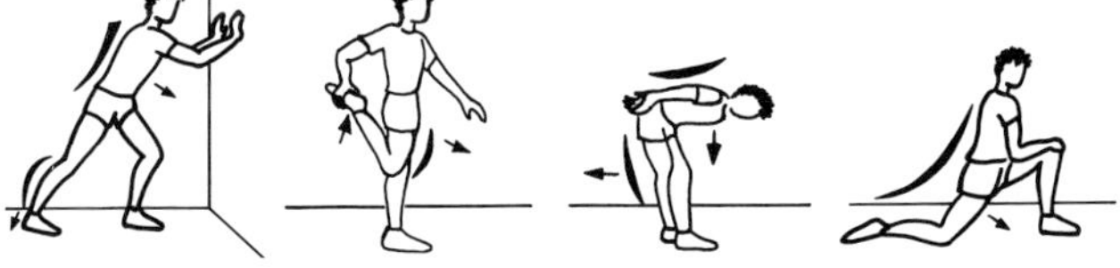

## Z 2 Verbesserung der Kondition

### Schnelligkeitstraining an Stationen

- Station 1:
  Gesprintet wird jeweils 10 bis 15 m. Dann traben die Spieler etwa 30 m aus. Es folgt der nächste Sprint usw.

- Station 2:
  Die Spieler sprinten durch einen Zick-Zack- oder Slalomparcours von 10 bis 15 m Länge. Dann folgt ein Austraben über 30 m.

- Station 3:
  Zuerst ein Sprint 10 m vorwärts, dann 10 m rückwärts, anschließend 30 m austraben.

Die Stationen können bis zu fünfmal wiederholt werden. Zwischen den Wiederholungen gibt es jeweils eine Pause bis zur vollständigen Erholung.

### Kriterien für Schnelligkeitstraining

- Laufstrecken zwischen 10 und 30 m
- Tempo (maximal)
- Pause nach jedem Lauf ca. 60 bis 100 sec (vollständige Pausen)
- Anzahl der Läufe: 4 bis 7 (= eine Serie)
- Anzahl der Serien: 2 bis 3
- Pause zwischen den Serien: ca. 5 min

Sind die Pausen/Erholungsphasen zu kurz, so wird nicht mehr im Hinblick auf Schnelligkeit, sondern auf Schnelligkeitsausdauer trainiert.

## Z 3 Verbesserung der Kondition

### Kraftausdauer an Stationen

- Station 1:
  Die Spieler führen 15 bis 25 Schlußsprünge frontal und seitlich über einen Medizinball oder ein ähnliches Gerät durch. (Beine)

- Station 2:
  Die Spieler absolvieren 15 bis 25 Einwürfe mit dem Medizinball zum Partner. (Arme/Bauch)

- Station 3:
  Aus der Bauchlage richten die Spieler 15 bis 20 mal ihren Oberkörper auf. (Rücken)

- Station 4:
  Aus der Rückenlage richten die Spieler ihren Oberkörper mit angewinkelten Beinen 15 bis 20 mal auf. (Bauch)

- Station 5:
  Die Spieler tätigen 50 bis 80 Sprünge mit dem Sprungseil.

Die angegebenen Wiederholungszahlen sind Richtwerte. Der Parcours kann durch weitere Übungen wie einbeiniges Hüpfen, Liegestütz und Partnerübungen ergänzt werden.

## Z 4 Verbesserung der Kondition

### Sprungkrafttraining an Stationen

- Station 1:
  Die Spieler verrichten Schlußsprünge über eine Reihe hintereinandergelegter Medizinbälle.

- Station 2:
  Ein vom Partner zugeworfener Ball wird durch einen Sprung vom Spieler geköpft.

- Station 3:
  Auf einer Laufstrecke werden mehrere Hindernisse aufgebaut, die vom Spieler zu überspringen sind.

- Station 4:
  Etwa 50 bis 80 Seilsprünge mit beiden Füßen, auf dem linken und dem rechten Fuß im Wechsel werden von den Spielern absolviert.

- Station 5:
  Die Spieler machen Einbeinsprünge mit dem rechten und linken Fuß und mit Anziehen des Sprungbeines.

Die Wiederholungszahl der Übungsfolge kann bei 5 bis 10 liegen, wobei die Belastungs- und Erholungsphasen bei etwa 30 Sekunden liegen sollten.

### Kriterien für Schnellkraft- bzw. Sprungkrafttraining

- Sprünge: 5 bis 10 hintereinander
- Sprunghöhe bzw. -weite: maximal
- Tempo: so schnell wie möglich
- nach einer Sprungfolge: 60 bis 100 sec Pause
- Anzahl der Sprungfolgen: 4 bis 6 (= eine Serie)
- Anzahl der Serien: 2 bis 3
- Pause zwischen den Serien: ca. 4 bis 5 min (vollständige Pausen)

# Z 5 Kombiniertes Konditionstraining (Kraft und Ausdauer)

## Allgemeines Konditionstraining und seine Umsetzung im Spiel

Es werden zwei Gruppen gebildet. Gruppe A absolviert einen Circuit-Rundgang und Gruppe B ein Laufprogramm oder ein Spiel auf zwei kleine Tore. Nach jeweils 10 Minuten wird gewechselt. Dabei können mehrere Serien durchgeführt werden.

Der Circuit-Rundgang hat Belastungs- und Erholungsphasen von etwa 30 Sekunen. Der Rundgang besteht aus folgenden Übungen:

- Liegestütze,
- Sit ups mit angewinkelten Beinen,
- aus dem Kniestand bzw. Sitz einen Medizinball hochwerfen und im Stand auffangen,
- einen Sprungparcours im Schlußsprung oder Einbeinsprung überwinden, aus Medizinbällen im Abstand von etwa 50 bis 60 cm bestehend,
- aus der Bauchlage aufrichten und einen Ball von der linken in die rechte Hand und umgekehrt werfen,
- vier bis fünf Minuten traben.

**Die Schnelligkeit**

- Schnelligkeitstraining sind explosive Belastungen von 3 bis 5 sec Dauer mit aktiven Pausen von 1 bis 2 Minuten (lockeres Traben).
- Die Pausen müssen so gestaltet werden, daß sich der Organismus vollständig erholen kann (Puls unter 120).

„Anaerobes Training beginnt erst mit dem 17./18. Lebensjahr, wobei der Anteil zur Steigerung der Schnelligkeitsausdauer möglichst gering gehalten werden muß.“ (Auste, N. Konditionstraining Fußball, rororo Taschenbuch, Reinbek bei Hamburg, 1987, S. 48)

Trainingsformen zur Verbesserung der Schnelligkeit sind:

- Starts aus verschiedenen Stellungen, Tag - Nacht, Kreisfangen, Fangspiele, Staffeln, Dribbelstaffeln usw.,
- Sprints zwischen 10 und 30 m (Pausen 90 bis 120 sec),
- Steigerungsläufe,
- Übungen zur Verbesserung der Koordination,
- Spiele mit nur einem oder zwei Ballkontakten.

**Die Kraft**

Krafttraining kennt verschiedene Formen:

- Maximalkrafttraining: Hier werden Gewichte benutzt, die nur maximal drei Wiederholungen zulassen (Pyramidentraining).
- Schnellkrafttraining: Hier sind 6 bis 8 Wiederholungen bei schnellstmöglicher Ausführung durchzuführen. Dabei ist vollständige Erholung herzustellen.
- Kraftausdauer: Diesmal wird eine mittlere Beanspruchung genutzt, die 20 bis 30 Wiederholungen erlaubt. Die Pausen bringen keine volle Erholung.

Trainingsformen zur Verbesserung der Kraft sind:

- Sprünge, Hindernisparcours, Sprunggarten,
- Spiele und Übungen mit dem Medizinball in Einzel- und Partnerform,
- Partnerübungen, Partnerwettkämpfe (z. B. Kosakentanz, Hahnenkampf, Ringkämpfe).

**Die Ausdauer**

Nachfolgend einige Hinweise für die Durchführung des Ausdauertrainings:

- Beim Ausdauertraining wird die Laufgeschwindigkeit so gewählt, daß man sich unterhalten kann (mittleres Lauftempo).
- Die Trainingsdauer liegt zwischen zehn und dreißig Minuten.
- Die Pulsfrequenz sollte zwischen 130 und 160 Schläge liegen.

Trainingsformen zu Verbesserung der Ausdauer:

- Wer kann 10 oder 15 Minuten ohne Pause laufen?
- Spiele in kleineren Gruppen (5 gegen 5 oder 8 gegen 8),

- Drei- oder Viereckslӓufe (A- und B-Junioren-Bereich),
- Dauerlauf mit eingestreuter Gymnastik (Fahrtspiel),
- Durchlaufen von Hindernisparcours,
- Sechs-Tage-Rennen,
- Dribbelzweikämpfe (1 gegen 1 auf zwei kleine Tore) bei einer Spielzeit von 80 bis 90 sec.

Folgendes wird beim Training der Schnelligkeitsausdauer moniert:
- Zu hohe Belastungsreize werden gesetzt, die zu Laktatkonzentrationen führen, die deutlich über den im Wettkampf anfallenden Werten liegen. Somit ist das Training nicht optimal auf die Belastungsstruktur des Wettkampfes ausgerichtet.
- Starker Laktatanfall, z.B. hohe Übersäuerung, hat eine verminderte Trainingsökonomie und somit geringere Trainingseffektivität zur Folge, so daß die Leistungsfähigkeit stagniert oder sogar abnimmt. (Die Leistungsfähigkeit im Zentralnervensystem wird beeinträchtigt, zentrale Ermüdung und Abnahme der Konzentration sind die Folge, die technische Ausführung ist über Stunden gestört.)
- Der Aufbau eines Trainingseffektes in den Muskelzellen und damit eine Leistungsverbesserung im Sinne der Superkompensation ist nicht möglich, sondern er nimmt sogar ab.
- Mehrmaliges Schnelligkeitstraining pro Woche führt zur Reduzierung der Ausdauer und zur Abnahme der Antrittsbeschleunigung. Das Gegenteil wird also erreicht.
- Das Training der anaeroben Ausdauer muß zugunsten der Antrittsschnelligkeit und Schnelligkeit reduziert werden bzw. ganz wegfallen (vgl. G. Gerisch/ H.J. Tritschoks: Schnelligkeitsausdauer im Fußball, in: Fußballtraining 2/83, S. 15 ff).

„Es ist im Schüler-, Jugend- und Nachwuchsbereich von ganz besonderer Bedeutung, – wenn überhaupt – sehr dosiert und zurückhaltend mit Schnelligkeitsausdauertraining umzugehen, vor allem auch, weil Heranwachsende und Jugendliche sehr schlecht stärkere Belastungen im vegetativen Nervensystem tolerieren, die mit solchen Trainingsbelastungen unnützerweise jedoch gesetzt werden. Aus trainingsphysiologischer Sicht gibt es keinen plausiblen Grund, spezielles Schnelligkeitsausdauertraining für Fußballspieler in diesem Alter durchführen zu müssen."
(H. Liesen: Schnelligkeitsausdauertraining im Fußball aus sportmedizinischer Sicht, in: Fußballtraining 5/83, S. 27 ff)

# 4 Fußball und Organisation

In jedem Verein will der Trainings- und Spielbetrieb organisiert sein. Das gilt auch dann, wenn der Verein nur eine kleine Jugendabteilung besitzt, vielleicht nur eine Mannschaft. Die Arbeit an und mit der Jugend liegt vollverantwortlich in den Händen des Jugendleiters und seines Jugendausschusses. Der Jugendleiter steht dem Jugendausschuß vor und wird in seiner Funktion von weiteren Jugendmitarbeitern unterstützt. Das können Trainer, Geschäftsführer der Jugendabteilung, Mannschaftsbetreuer, technische Leiter oder Platzwart sein.

## 4.1 Der Jugendleiter

Die Vereinssatzung und die Vereinsjugendordnung regeln die Aufgaben, Pflichten und Rechte des Jugendleiters. Der Jugendleiter ist stimmberechtigtes Mitglied im Vereins- und Abteilungsvorstand Fußball und vertritt dort die Interessen der Jugend. Im Verhinderungsfalle kann er sich durch ein anderes Mitglied der Jugendleitung vertreten lassen.

Die Wahl des Jugendleiters erfolgt auf dem Jugendtag. Gewählt wird im allgemeinen für eine Dauer von zwei Jahren, sofern die Satzung des Vereins oder die Jugendordnung keine andere Frist benennen. Bei seiner Wahl muß der Jugendleiter das 18. Lebensjahr vollendet haben. Die Mitgliederversammlung des Vereins muß die Wahl des Jugendleiters bestätigen.

Der Jugendleiter und mit ihm der Jugendausschuß müssen ihre Beschlüsse und Handlungen gegenüber dem Jugendtag, dem Vereinsvorstand und der Mitgliederversammlung verantworten.

Der Jugendleiter sollte eine Persönlichkeit sein, die zumindest einige der nachfolgenden Voraussetzung zu erfüllen imstande ist:

- Als Leiter einer Mitarbeitergruppe (Jugendausschuß) im Verein benötigt er Führungsqualitäten.
- Er muß sich seiner Vorbildfunktion gegenüber Kindern und Jugendlichen stets bewußt sein.
- Deshalb sollten ihm Verhaltensweisen wie Ehrlichkeit, Selbstlosigkeit, Zuverlässigkeit und Aufgeschlossenheit gegenüber den jungen Heranwachsenden und den Entwicklungen unserer schnellebigen Zeit wichtige Maßstäbe in seiner Arbeit sein.
- Sein Auftreten sollte eine eigene Meinung sichtbar werden lassen und aus seinem Handeln sachangemessene Konsequenz erkennbar sein. Dennoch bedarf es umfassender Kooperationsbereitschaft, damit Zusammenarbeit mit Sportlern und Mitarbeitern möglich wird. Die Fülle seiner Aufgaben fordert, daß er zu delegieren weiß.
- Wer mit Kindern und Jugendlichen umgehen will, sollte einige grundlegende psychologische und pädagogische Kenntnisse besitzen. Fehlt diese Voraussetzung, so ist dieses Wissen in Lehrgängen erwerbbar.

- Der Jugendleiter sollte ständig um seine persönliche Fort- und Weiterbildung bemüht sein, um damit seine eigene Kompetenz zu erweitern.

Anforderungen dieser Art bringt wohl nur selten ein Jugendleiter zu Beginn seiner Tätigkeit mit. Im Laufe der Jahre wird die Erfahrung ihn manches lehren. Doch Freude am Fußball und Offenheit gegenüber den Vorstellungen junger Menschen sind wesentliche Elemente, um einen guten Einstieg in das neue Amt zu finden.

Werfen wir nun einen Blick auf das umfangreiche Aufgabenfeld eines Jugendleiters. Bei der Bewältigung der nachfolgenden Aufgaben muß er sich natürlich auf seine Mitarbeiter im Jugendausschuß stützen können.

- Aufgaben der Organisation in Bezug auf alle Aktivitäten der Jugendabteilung
- Kenntnis von Satzungen und Regeln
- Übernahme bestimmter Verwaltungsaufgaben
- Fragen der Haftung, der Rechtsprechung und des Versicherungsschutzes
- Aspekte der Gesundheit und der ärztlichen Betreuung
- Erzieherische Funktionen in Zusammenarbeit mit Elternhaus, Schule oder Arbeitsplatz, Offenheit für Problemsituationen seiner Jugendlichen
- Leitung des Jugendtages und der Sitzungen des Jugendausschusses (Einladung, Tagesordnung, Protokoll usw.)
- Suche nach weiteren Mitarbeitern/innen und Ermutigung der vorhandenen Verantwortungsträger
- Einbeziehung der Kinder und Jugendlichen (Jugendsprecher, Mannschaftsführer usw.) in die Entscheidungsprozesse der Jugendabteilung
- Teilnahme und Mitwirkung bei den Vorstandssitzungen, Abstimmung von Terminen und Plänen der Jugendarbeit, Klärung der finanziellen Notwendigkeiten sowie Fragen der Nutzung von Sportstätten, Jugend-/Vereinsheim und Sportgeräten

Auf der Tagesordnung jeder Vorstandssitzung darf der Punkt „Aus unserer Jugendabteilung“ nicht fehlen!

- Öffentlichkeitsarbeit der Jugendabteilung in der Vereinszeitung, in der Tagespresse und anderen Medien
- Gespräche mit der Seniorenabteilung über Perspektiven für Jugendliche beim Überwechseln aus der Jugendabteilung in die Männermannschaft
- Ansprache von scheidenden Seniorensportlern als neue Mitarbeiter in der Jugendabteilung
- Vertretung der Jugendabteilung nach außen bei Veranstaltungen des Vereins, Kontaktaufnahme mit Persönlichkeiten aus Politik, Verwaltung, Kirchen, Verbänden und anderen Organisationen
- Vertretung der Jugendabteilung in den Instanzen des Fachverbandes

Ein erfahrener Jugendleiter wird seine Tätigkeit im Verein nicht nur auf die Aufgaben der Jugendleitung beschränken; er wird sich vielmehr als Vorstandsmitglied für das gesamte Geschehen im Verein verantwortlich fühlen. Er wird darüber hinaus versuchen, die erfahrenen Spieler der 1. Mannschaft für einige neue Akzente in der Jugendarbeit (Trainingsbesuch, Spielbegleitung, Schiritätigkeit, gesellige Anlässe usw.) zu gewinnen.

Der Jugendleiter sollte bemüht sein, für die Kinder und Jugendlichen im Verein ein positives Klima zu schaffen. Das gilt vor allem im Hinblick auf die Interessen des gesamten Vereinsvorstandes und anderer wichtiger Persönlichkeiten des Vereins. Hierbei kann die Mitwirkung der Eltern der Kinder und Jugendlichen von besonders großer Bedeutung sein.

## 4.2 Der Jugendausschuß

Dem Jugendleiter sollte ein Jugendausschuß zugewählt oder berufen werden. Je nach Größe der Jugendabteilung des Vereins kann seine Besetzung sehr unterschiedlich ausfallen. Hat die Jugendabteilung auch weibliche Mitglieder, ist es nur natürlich, daß dem Ausschuß mindestens eine Vertreterin angehört.

Im Jugendausschuß können die verschiedenen Aufgaben der Jugendabteilung aufgeteilt werden. Dabei sollte die Absprache eindeutig sein, damit sich keinerlei Überschneidungen oder Mißverständnisse ergeben. Neben dem Jugendleiter kann es einen Jugendgeschäftsführer, einen Kassenwart und einen technischen Leiter oder Platzwart geben. Ratsam ist es ebenfalls, einen/e Jugendsprecher/in in das Gremium als Vertreter/in der Sportler/innen zu berufen.

Der Jugendausschuß tagt in regelmäßigen Abständen unter dem Vorsitz des Jugendleiters. Jeder Verantwortungsträger berichtet über seine Arbeit und legt Fragen und Probleme offen, die anschließend diskutiert und einer Lösung zugeführt werden. Die Beschlüsse des Jugendausschusses übermittelt der Jugendleiter dem Vereinsvorstand.

Der Trainings- und Spielbetrieb der Jugend bedarf der Organisation. Dabei sind folgende Aufgaben innerhalb des Jugendausschusses zu erledigen und aufzuteilen:

- Anlage einer Personalkartei für alle Mitglieder der Jugendabteilung mit
  - Name, Vorname, Geburtsdatum, Anschrift, Telefon
  - Schule bzw. Arbeitgeber
  - Eintritt in den Verein
  - sportliche Entwicklung
- Anlage einer Gesundheitskartei
  - Blutgruppe
  - Impfungen
  - bisherige Verletzungen
  - Datum und Ergebnis der jährlichen sportärztlichen Untersuchung
  - Name, Anschrift und Telefonnummer des behandelnden Hausarztes

- Der Jugendausschuß pflegt regelmäßige Kontakte zu
  - den Eltern der Spieler/innen,
  - den Lehrkräften bzw. Schulleitern,
  - den Arbeitgebern bzw. Ausbildern,
  - den lokalen Einrichtungen der Ersten Hilfe.
  (Es ist sicherlich sehr sinnvoll, daß alle im Jugendbereich tätigen Mitarbeiter eine Erste-Hilfe-Ausbildung absolvieren.)
- Der Jugendausschuß hält ständigen Kontakt
  - zum Vereinsvorstand und dem Vorsitzenden,
  - zum Staffelleiter oder Klassenleiter,
  - zum Kreisjugendleiter,
  - zum Schiedsrichterobmann,
  - zu den Vereinen, die in der gleichen Gruppe/Klasse spielen,
  - zu Freunden und Förderern der Jugendarbeit,
  - zu den Trainern.
- Training bedarf der Organisation
  - Langfristige Sicherstellung der Trainingsplätze
  - Bereitstellung von Umkleidekabinen und funktionstüchtigen Duschen
  - Verfügbarmachung aller Materialien, die im Training erforderlich sind wie betriebsbereite Bälle, Eckfahnen, Stangen, Kleintore, Handgeräte usw. Die Kinder und Jugendlichen dürfen beim Transport der Materialien sowohl vor wie auch nach dem Training mithelfen.
  - Eintragung aller Spieler vor dem Training in eine Anwesenheitsliste im Umkleideraum (Am Saisonende können die regelmäßigen Trainingsbesucher belohnt werden.)
  - Beachtung der korrekten und ordentlichen Ausrüstung der Spieler bezüglich Schuhwerk, Schienbeinschoner, Kleidung und Trainingsanzug
  - Mitbringen von Badetuch und -schuhen für das Duschen nach dem Training, im Winter an Kopfbedeckung denken
  - Zusammenstellung eines abwechslungsreichen Trainingsprogramms durch den Trainer und vorherige Absprache mit den Spielern
  - Einberufung einer Spielersitzung von maximal 30 Minuten nach dem Training
    (Hier werden das vorhergegangene Spiel und Training analysiert und das kommende Spiel vorbereitet. Dabei ist der Ablauf des nächsten Spieles bezüglich Hin- und Rückfahrt, Treffpunkt, Anstoßzeit, Ausrüstung, Möglichkeit der Beförderung usw. abzusprechen.)
  - Verfügbarsein für persönliche Gespräche mit einzelnen Jugendlichen, die Fragen haben oder eine Unterstützung benötigen
  - Worte des Dankes an den Platz- und Zeugwart
- Das Spiel in Vorbereitung, Ablauf und Nachbereitung
  - Einladung der Mannschaft, mit der wir spielen werden
  - Abstimmung der Spielkleidung mit dem anderen Verein

- Bemühung um eine Schiedsrichteransetzung
- Bereitstellung von Linienrichtern
- Sicherung der Platzanlage
- Erledigung des Platzaufbaues und Bereitstellung der Spielbälle
- Möglichkeiten zum Aufwärmen für beide Mannschaften
- Bereitstellung sauberer Umkleidekabinen für beide Mannschaften und den Schiedsrichter
- Verfügbarmachung der Spielberichtsformulare und Spielerpässe
- Verfügbarkeit der Erste-Hilfe-Tasche
- Bereitstellung von Getränken für die Halbzeitpause und das Spielende
- Begrüßung und Verabschiedung der Gästemannschaft und des Schiedsrichters
- Dankeschön nach dem Spiel an die eigene Mannschaft
- Abrechnung mit dem Schiedsrichter
- Aufräumen des Platzes
- Meldung des Spielergebnisses an den Staffelleiter und Weiterleitung des Spielberichtsbogens
- Information über das Ergebnis an die Vereinszeitung und die lokale Presse
- Erstellen einer Spiel- bzw. Spielerstatistik für die eigene Mannschaft

• Weitere Aufgaben
In manchen Vereinen hat die Jugendabteilung eine Teilautonomie im Finanzbereich. In einem solchen Fall ist es erforderlich, daß ein Verantwortlicher als Kassenwart fungiert. Er hat in Absprache mit Jugendleitung und Vereinsvorstand die finanziellen Aufgaben zu erfüllen, die der Jugendabteilung eigenverantwortlich übertragen wurden.

Der Jugendleiter nimmt in Vertretung des Vereinsvorsitzenden bei Veranstaltungen der Jugendabteilung des Hausrecht wahr. Dieses Recht kann er in seiner Abwesenheit an andere Mitglieder des Jugendausschusses übertragen.

## Zusammenfassung

So sehr eine gute Vorbereitung von Training und Spiel zu einem guten sportlichen Klima beitragen kann, so ist es dennoch erforderlich, die besonderen Ziele der Sportarbeit mit Jugendlichen immer wieder sichtbar zu machen.

Begriffe wir Fairplay und Teamgeist dürfen sich nicht auf ein Miteinander der eigenen Mannschaft beschränken, sie müssen auch gegenüber jeder Mannschaft gelten, mit der wir ins Spiel kommen wollen. Dazu können Jugendleiter, Ausschuß und Trainer entscheidend beitragen.

## 4.3 Checkliste für die Planung eines Fußballturniers

Viele Jugendabteilungen in den Fußballvereinen planen im Laufe des Jahres ein Fußballturnier. Eine solche Veranstaltung kann im Freien auf dem Normalfeld oder Kleinfeld, aber auch als Hallenturnier im Winter angeboten werden. Turniere dieser Art können durch die Teilnahme ausländischer Mannschaften internationalen Charakter erhalten.

Da bei vielen Vereinen solche Schüler- und Jugendturniere bereits zur Tradition gehören und somit ihren festen Zeitpunkt haben, ist eine Terminabsprache für „Neueinsteiger" sinnvoll. In Planung, Vorbereitung und Durchführung eines solchen Turniers sind zahlreiche Aspekte zu berücksichtigen, die nachfolgend aufgelistet werden.

### 4.3.1 Phase der Planung

Bevor die Einladung zu einem Turnier erfolgen kann, sind zahlreiche Vorüberlegungen anzustellen, die der Jugendleiter mit seinem Jugendausschuß aufnehmen sollte. Anschließend wird der Vereinsvorstand informiert.

- Termingestaltung: Wochenende, Feiertage, Zeit ohne Meisterschaftsspiele
- Zeitliche Vorstellungen: von wann bis wann
- Ort: Hallenturnier (Dreifachhalle)<br>Feldturnier (Groß- oder Kleinfeld)<br>Anzahl der Hallen und Plätze
- Anzahl der Teilnehmer: günstige Zahlen für teilnehmende Mannschaften sind vier, sechs, acht oder sechszehn
- Gastmannschaften: Woher sollen die einzuladenen Mannschaften kommen? In- und Ausland? Wie kommt man an ihre Adressen?
- Anzahl der Spieler und Ersatzspieler, Alter der Mannschaften
- Unterbringung und Verpflegung; Ermittlung der Kosten für diese Leistungen
- Erstellung eines Kostenplanes für die gesamte Veranstaltung

### 4.3.2 Phase der Vorbereitung

Sind die Planungen erfolgreich abgeschlossen und hat der Vorschlag zu einem Jugendturnier die Zustimmung der Jugendleitung und des Vereinsvorstandes gefunden, kann die Vorbereitungsphase beginnen.

- Gründung eines Organisationskomitees, das mit dem Jugendausschuß durchaus identisch sein kann, Verteilung der Aufgaben auf die zuständigen Mitarbeiter
- Erstellen einer Ausschreibung mit Angaben über Ort, Termin, Teilnehmerberechtigung (Alter der Spieler), Größe der Mannschaft, Turnierform, Spielzeit

und Spielregeln, Spielplan, Unterbringung, Verpflegung, Kosten, Ehrungen, Anmeldeformalitäten, Meldebogen
- Belegung der Platzanlagen bzw. Hallen
- Einholung der Genehmigung bei der zuständigen Verbandsinstanz
- Beantragung der erforderlichen Schiedsrichter
- Verschickung der Einladung und Ausschreibung an die ausgewählten Teilnehmermannschaften unter Setzung einer Meldefrist
- Festlegung der Unterkünfte und der Verpflegungsmöglichkeiten für alle Mannschaften, endgültige Bestätigung nach Rückantwort der Vereine
- Gestaltung eines Rahmenprogramms für die Gastmannschaften (Empfang der Stadt, Besichtigungen, Stadtrundfahrten, lustiger Abend, am Sonntag Gottesdienstangebot usw.)
- Gewinnen eines Schirmherrn für die Veranstaltung
- Bildung eines Ehrenrates aus prominenten Persönlichkeiten in Verbindung mit einer Unterstützung
- Gewinnen von Sponsoren aus der Wirtschaft, Industrie und Geschäftswelt
- Stiftung von Pokalen durch prominente Persönlichkeiten aus Politik, Sport, Wirtschaft, Kunst usw.
- Ernennung von Betreuern für die Gastmannschaften als ständige Begleiter
- Erstellung eines Drehbuches für alle Mitarbeiter mit Angabe aller notwendigen Informationen nach dem Muster: Zeit, Aktivität, Aufgabe, Verantwortlicher
- Eventuell notwendige Beförderung der Mannschaften
- Ernennung von Verantwortlichen für die Führung der Korrespondenz, für die sportliche Organisation, für Unterbringung, Verpflegung und Transport, für die Regelung der Finanzen, für die Betreuung und den Einsatz der Schiedsrichter, für die Organisation des Rahmenprogramms
- Beschaffung von Angeboten in Speisen und Getränken auf dem Platz oder in der Halle
- Einladung von Ehrengästen, Vereinsmitgliedern und anderen Besuchern
- Informationen an Medien (Tageszeitung, kostenlose Stadtteilzeitungen, Lokalrundfunk und -fernsehen) vor und nach der Veranstaltung
- Stiftung eines Fairplay-Preises
- Beschaffung der Spiel- und Trainingsbälle
- Bestellung von Linienrichtern
- Ausweichmöglichkeiten bei sehr ungünstigen Witterungsbedingungen

### 4.3.3 Phase der Durchführung

Sind die Vorbereitungen zuverlässig getroffen, sollte das Turnier für Teilnehmer und Organisatoren einen guten Verlauf nehmen. Doch auch während des Turniers fallen noch zahlreiche Aufgaben an:
- Begrüßung der Gastmannschaften bei der Ankunft, Weiterleitung ins Quartier

- Zusammenkunft aller Mannschaftsbetreuer und Absprache aller sportlichen Modalitäten vor Beginn des Turniers
- Bildung einer Kontrollkommission aus drei oder fünf Sportverantwortlichen für die Klärung von Streitfragen während des Turniers
- Offizielle Eröffnung des Turniers mit Begrüßung, Grußworten, Musik und vielleicht einer sportlichen Attraktion
- Unterhaltsamer Gemeinschaftsabend aller Teilnehmer zur besseren Verständigung der Teilnehmer untereinander
- Abschluß des Turniers mit Siegerehrung, Überreichung der Pokale und Verabschiedung der Mannschaften

### 4.3.4 Phase der Nachbereitung

Ist ein Turnier abgeschlossen, dient die Phase der Nachbereitung dazu, die positiven Elemente im Ablauf festzuhalten. Kritische Punkte müssen angesprochen und für die Zukunft einer besseren Lösung zugeführt werden. Es geht in dieser Phase nicht um einen kritischen Rückblick auf die Mitarbeit einzelner Verantwortlicher.

- Jeder Verantwortungsträger listet in seinem Verantwortungsbereich die positiven und problematischen Punkte schriftlich auf.
- In einer gemeinsamen Zusammenkunft aller Verantwortlichen wird anhand der Aufzeichnungen die gesamte Veranstaltung nachbereitet. Dabei werden Schwierigkeiten diskutiert und einer neuen Lösung zugeführt.
- Ergänzung und Korrektur des erstellten Drehbuches mit den erarbeiteten Veränderungsvorschlägen für das nächste Turnier.

# 5 Fußballer erleben Gemeinschaft

Fußball ist bekanntlich ein Mannschaftsspiel. Daher ist ein reibungsloses Miteinander der Kinder und Jugendlichen ein wesentliches Element der Jugendarbeit. Wer als Jugendverantwortlicher nur Training und Wettkampf zu vermitteln imstande ist, wird längst nicht alle jungen Mitglieder auf Dauer halten können.

Ein Verein muß dem jungen Menschen mehr als Sport bieten können. Er muß vielfach neben dem fachlichen Bereich „Fußball" Ersatz für fehlende Gemeinschaftserlebnisse vermitteln können. Solange sich Kinder und Jugendliche in ihrem Sportkreis wohlfühlen, werden sie eine enge Anbindung suchen.

Daher dienen nachfolgende Vorschläge für gemeinsame Aktivitäten und Veranstaltungen, die natürlich den jeweiligen örtlichen Gegebenheiten anzupassen sind. Darüber hinaus spielen Alter und soziale Struktur der Jugendabteilung oder Mannschaft, aber auch die Einsatzbereitschaft der gesamten Jugendleitung eine bestimmende Rolle.

Entwickeln wir daher in der Mannschaft oder Jugendabteilung ein „Wir-Gefühl", dann wird das gemeinsame Erleben der Jungen und Mädchen auch zu einer größeren Harmonie im sportlichen Sektor beitragen. Fundierte und jugendgerechte Gemeinschaftsarbeit ist somit auch eine Möglichkeit sportlicher Leistungssteigerung.

Außersportliche Freizeitgestaltung kennzeichnet heute die qualitativen Voraussetzungen, die ein Verein anzubieten hat. Sie muß den Jugendlichen so ansprechen, daß für ihn eine Identifikation mit der Mannschaft, der Abteilung oder dem Verein wünschenswert erscheint.

## 5.1 Feste und Feiern

Feste und Feiern sind im Leben eines Menschen Gelegenheiten, einmal tief durchzuatmen. Sie durchbrechen die Alltäglichkeit und sind Fixpunkte, auf die zugearbeitet wird. Viele Anlässe bieten sich dazu an, einige seien hier genannt:

- Die Mannschaft hat einen sportlichen Erfolg zu feiern (Aufstieg, Meisterschaft, erster Sieg in einer Runde, vermiedener Abstieg, Gewinn eines Turniers usw.).
- In der Mannschaft wird ein Geburtstag oder Namenstag eines Spielers, Trainers oder Betreuers gefeiert.
- Die Mannschaft wird von einem Jugendbetreuer, von Eltern, von Sponsoren oder einem anderen Gönner zu einem Fest eingeladen.
- Ein neuer Spieler, Trainer oder Jugendbetreuer stößt zur Mannschaft und gibt den Einstand. Auch eine Verabschiedung kann gefeiert werden.
- Es steht ein besonderes Fest vor der Tür, das als Anlaß zu einer Feier dient (Vereinsjubiläum, Weihnachten, Saisonauftakt, Saisonende, Karneval, Sommerfete usw.).

Dies sind nur einige Anlässe, eine Fete steigen zu lassen. Doch sei schon an dieser Stelle darauf hingewiesen, daß bei all diesen Aktivitäten die Kinder und Jugendlichen in die vorbereitenden Planungen einbezogen werden sollen.

Nachfolgend möchten wir nun Aktionen aufzählen, die im Bereich der „Feste und Feiern" als Anregung dienen können.

- Zu jedem Geburtstag oder Namenstag entwickeln wir in der Mannschaft ein möglichst originelles Ritual, wie gefeiert wird. Dabei muß besprochen werden, wie die Mannschaft ihre Gratulation anbringt. Der Beglückwünschte soll überlegen, wie er sich bei seinen Mitspielern zu seinem Fest bedankt.
- Ein Mitspieler, Trainer oder Betreuer hat ein interessantes Urlaubsland kennengelernt. Er stellt es in einem Dia- oder Videofilm vor.
- Mit einem neuen Lehrfilm zum Fußball wird ein Filmabend gestaltet. Hier bieten sich auch Videofilme über die Fußball-WM oder ein lustiger oder spannender Spielfilm an.
- Organisiert wird ein Disco-Abend im Jugendheim. Dabei stellen die Spieler die Platten oder Kassetten selbst, ebenso den Disjockey. Eine andere Gruppe überlegt einige sportliche oder lustige Spiele als Pausenfüller.
- Die ganze Mannschaft besucht ein Länderspiel oder ein Bundesligatreffen im Fußball oder in einer anderen Sportart, wenn sich die Gelegenheit in der Umgebung bietet.
- Vorbereitet wird ein Fußball-Kicker-Turnier. Es wird ein Spielplan wie bei einem direkten Turnier entwickelt und ausgespielt.
- Die Mannschaft lädt zu einem Tischtennisturnier ein. Dabei kann sie sich Hilfe bei der Tischtennisabteilung erbitten. Es werden Einzel- und Doppelspiele ausgetragen. Die Paare zum Doppel werden zusammengelost.
- Im Winter veranstalten wir in der Halle ein Federballturnier. Gibt es im Verein eine Badmintonabteilung, wird sie gerne helfen.
- Während der winterlichen Spielpause trifft sich die ganze Mannschaft zum Eislaufen in der Eissporthalle. Lederhandschuhe tragen!
- Eine Stadt-, Orts- oder Waldrallye kann eine sehr interessante und lustige Sache werden, wenn die ganze Abteilung, in Gruppen aufgeteilt nach Mannschaften, oder die ganze Mannschaft, aufgeteilt nach Paaren, bestimmte Aufgaben lösen sollen.
- Die Mannschaft trifft sich zu einer Grillfete an einem Grillplatz im Wald oder auf dem eigenen Sportplatz. Jeder bringt etwas von dem mit, was dafür benötigt wird. Dabei können die mitzubringenden Dinge (Holzkohle, Speisen, Getränke usw.) vorher jedem zugelost werden.
- „Wir spielen Nikolaus oder Christkind, allerdings ohne Verkleidung!" Vor den Festtagen überlegt die Mannschaft, wie sie anderen Kindern oder Jugendlichen eine Freude bereiten kann. Sie lädt z. B. eine Gruppe aus dem Kinderheim ein, beschenkt die Kinder und bereitet für sie einen Spielnachmittag vor.
- Natürlich kann man ins Theater gehen, auch als jugendliche Fußballmannschaft. Für die jüngeren Spieler werden dort Märchen gespielt, für die äl-

teren Jugendlichen gibt es Musicals oder Boulevardstücke. Im Mundarttheater geht es auch recht amüsant zu.

- Interessante Besuche sind auch denkbar im Atelier eines Künstlers, bei einem Zeitungsverlag oder in einer Stern- oder Wetterwarte.
- Vielleicht läßt sich auch einmal ein Kinder- oder Jugendbuchautor zu einer Autorenlesung verpflichten.
- Viele Städte und Orte weisen historische Gebäude oder Einrichtungen auf. Unter sachkundiger, aber jugendangepaßter Führung kann man so eine Menge über seinen Heimatort oder die nähere Umgebung erfahren.
- Im Laufe des Jahres präsentieren viele Orte eine Kirmes. Ein gemeinsamer Besuch kann durchaus den Zusammenhalt einer Mannschaft fördern.
- Wir stellen einen Nachmittag oder Abend im Jugendheim unter die Idee „Tischspiele bevorzugt“. Jeder Spieler bringt sein Lieblingsspiel von Zuhause mit und führt die Mitspieler in die Regeln ein.
- Vielleicht läßt sich ein Förster oder Jäger finden, der mit der Mannschaft eine Nachtwanderung durchführt oder am frühen Morgen eine Wildbeobachtung anbieten kann.
- Besitzen die meisten Spieler der Mannschaft Langlauf- oder Abfahrtskier, geht es im Winter gemeinsam in die Loipe oder auf die Piste.

Die Liste der Vorschläge und Anregungen ließe sich beliebig fortsetzen. Doch ist es für eine Jugendleitung wichtig, vor allem die lokalen Möglichkeiten zu ermitteln. Hierbei sollte man nichts übersehen, was mit sportlichen, geselligen und kulturellen Aspekten zu tun hat.

## 5.2 Eine Mannschaft auf Reisen

Jede Mannschaft oder Jugendabteilung wird bei Gelegenheit Ein- oder Mehrtagesreisen unternehmen. Manchmal sind diese mit sportlichen Ereignissen verbunden; sie können aber auch nur dem Gemeinschaftsgedanken dienen. Diese Ausfahrten sollten mit verschiedenen Aktivitäten kombiniert und ergänzt werden.

- Besuch in einem Tiergehege
- Besichtigung eines Freilichtmuseums
- Schiffahrt auf einem See, einer Talsperre oder einem Fluß
- Aufenthalt auf einem Abenteuerspielplatz
- Floßfahrt oder Kanufahrt für besonders Mutige
- Helfer auf einem Bauernhof oder beim Einbringen der Ernte
- Zeltlager mit abendlichem Lagerfeuer
- Ausritt mit Ponys durch den Wald
- Fahrt mit einem Planwagen
- Besichtigung einer für Jugendliche interessanten Firma
- Rundfahrt über ein Flughafengelände
- Besuch in einem Fernseh- oder Sportstudio, in einem Filmatelier

- Einfahren in ein Bergwerk
- Aufenthalt in einer Sportschule zur sportlichen Vorbereitung der Saison oder zur Überbrückung der Winterpause

Die Zahl der möglichen Besuche läßt sich auch hier weiterführen. Sie ist immer abhängig von den örtlichen Gegebenheiten und Angeboten. Zu bevorzugen sind solche Angebote, die für Jugendliche einen besonderen Reiz beinhalten und die die Möglichkeit der aktiven Beteiligung bieten.

## 5.3 Internationale Begegnungen

Für die Fußballteams in Grenznähe sind internationale Begegnungen zumeist Alltag. Doch die meisten Mannschaften müssen auf die für sie unbekannte Auslandssituation ein wenig eingestellt werden. So ist es wichtig, „Auslandsneulingen" ein wenig den Druck zu nehmen.

Die folgenden Hinweise können den Auslandsaufenthalt erleichtern:

- Die Verständigung mit Hilfe der Sprache kann eingeschränkt sein. Daher muß man sich gelegentlich mit einer Art Zeichensprache verständigen. Unter jungen Leuten dient manchmal Englisch als Verständigungsmöglichkeit.
- In jedem Land sind die Verhaltensweisen der Menschen verschieden. Das ist zu bedenken und zu respektieren. Außerdem sollte sich der Jugendliche darauf einstellen.
- Auch die Speisen können sich sehr vom heimischen Essen unterscheiden. So werden manchmal Speisen und Getränke angeboten, die uns unbekannt oder unter anderem Namen bekannt sind. Ist man jedoch Gast, so respektiert man die Gegebenheiten.
- Der Jugendleiter, der die Reisevorbereitungen zu treffen hat und die Gruppe begleiten wird, sollte selbst vorher die notwendigen Informationen einholen. Diese kann er erhalten bei einem Kenner dieses Landes, der entweder von dort stammt oder dieses Land häufig bereist hat. Andererseits gibt es in Buchhandlungen Reiseführer, die alles Wissenswerte enthalten.
- Bei Auslandsreisen sind Personalausweise erforderlich. Da Kinder und Jugendliche manchmal solche Dokumente nicht besitzen, ist eine rechtzeitige Ankündigung erforderlich. Die Ausstellung oder Verlängerung solcher Ausweispapiere kann zeitweise lange dauern.
  Vor der Abfahrt sollte vom Verantwortlichen geprüft werden, ob jeder Fahrtteilnehmer seinen Ausweis mitführt und ob er noch gültig ist. Bei verlorengegangenen Dokumenten helfen die Deutsche Botschaft oder die Konsulate.
- Wenn sich Kinder oder Jugendliche im Ausland allein oder in kleinen Gruppen selbständig bewegen, sollten sie grundsätzlich ihre Quartieradresse oder den Namen des Treffpunktes mitführen, damit sie im Notfall durch Befragen von Passanten zur Mannschaft zurückfinden können.

- Vor der Fahrt sollten die Mitglieder der Reisegruppe jeweils über die in diesem Land gültige Währung und den Umrechnungskurs informiert werden. Eine Beratung beim Kauf von Souvenirs kann helfen, überhöhte Ausgaben zu vermeiden.
- Bei sportlichen und privaten Begegnungen kann das Überreichen eines kleinen Gastgeschenkes oder einer Vereinsnadel durchaus eine nette Geste sein. Auch sollte jeder Spieler kleine, selbstgeschriebene Adressenkarten mitnehmen, damit anschließend ein Briefaustausch möglich wird.

# 6 Literatur


Albeck, Th./Zöller, H.: Kindgerechtes Fußballtraining, Handbuch für Jugendtrainer und Sportlehrer/innen, WFV-Schriftenreihe Bd. 27.

Auste, N.: Konditionstraining Fußball, rororo Taschenbuch, Reinbek bei Hamburg 1987.

Bauer, G.: Fußball perfekt: vom Anfänger zum Profi, München 1974.

Bauer, G.: Die aktuelle Situation des Jugendtrainings, Fußballtraining 8/9, S. 4 - 10 (1988).

Baur, J.: Über die Bedeutung „sensibler Phasen" für das Kinder- und Jugendtraining, Leistungssport 4, S. 9 - 14 (1987).

Bisanz, G./Gerisch, G.: Fußball: Training, Technik, Taktik, Reinbek bei Hamburg 1988.

Bischops, K./Gerards, H. W.: Tips für Spiele mit dem Fußball, Meyer & Meyer Verlag, Aachen 1989.

Bremer, D.: Jugendfußball heute, Fußballtraining 8/9, S. 31 - 36 (1988).

Brüggemann, D.: Kinder- und Jugendtraining, Schorndorf 1989.

Deutscher Fußball-Bund: Fußball-Lehrplan 2: Kinder und Jugendtraining, Grundlagen, München 1985.

Deutscher Fußball-Bund: Fußball-Lehrplan 3: Jugendtraining, Aufbau und Leistung, München 1987.

Hahn, E.: Kindertraining, Probleme, Trainingstheorie, Praxis und Sportwissen, München/Wien/Zürich 1982.

Hamsen, G./Daniel, J.: Fußball Jugendtraining, herausgegeben von B. Gottwald, Sport rororo, Rowohlt Verlag, 1990.

Hollmann, W. u. a.: Zur kardio-pulmonalen Trainierbarkeit unter besonderer Berücksichtigung der präpuberalen Phase, Leistungssport 1, S. 11 - 15 (1983).

Martin, D.: Training im Kindes- und Jugendalter, Studienbrief der Trainerakademie des Deutschen Sportbundes, Bd. 23, Schorndorf 1988.

Meinel, K./Schnabel, G.: Bewegungslehre, Berlin 1978.

Nickel, H.: Entwicklungspsychologie des Kindes- und Jugendalters, Band II, Verlag Hans Huber.

Pfeifer, W./Maier, W.: Fußball-Praxis, Jugendtraining II, 4. Teil, Technik, Taktik, Kondition, WFV-Schriftenreihe Nr. 20.

Wittmann, F./Maier, W./Pfeifer, W.: Fußball-Praxis, Jugendtraining I, 3. Teil, Leistungsbestimmende Grundlagen, Mannschaftsführung, WFV-Schriftenreihe, Bd. 15.

Zintl, F.: Ausdauertraining, Grundlagen, Methoden, Trainingssteuerung, blv-Sportwissen, München/Wien/Zürich 1988.

## Zeitschriften

Leistungssport: Zeitschrift für die Fortbildung von Trainern, Übungsleitern und Sportlehrern, herausgegeben vom Deutschen Sportbund, erscheint zweimonatlich, Philippka-Verlag, Münster.
Der Fußballtrainer: Fachzeitschrift für alle Trainings- und Wettkampffragen, Achalm-Verlag, Reutlingen.
Fußballtraining: Zeitschrift für Trainer, Sportlehrer und Schiedsrichter, herausgegeben von G. Bisanz, Philippka-Verlag, Münster.

# Sporttitel von Meyer & Meyer

## zu den Themen:

### Laufsport

Van Aaken - Das van Aaken Lauflehrbuch
Van Aaken - Das Laufbuch der Frau
Lüchtenberg - Laufen in Schule, Verein
Lydiard - Jogging mit Lydiard
v.d. Laage - Jetzt kommen die Chinesen
Diem - Tips für Laufanfänger
von Schablowsky - Hilfe – mein Mann läuft
von Schablowsky - Zur Strecke gebracht
Kuhlmann - Das LaufLESEbuch
Bös - Handbuch Walking

### Langlauf

Sonntag - Mehr als Marathon Bd. 1
Sonntag - Mehr als Marathon Bd. 2
Thiemer - Langlauf ist unser Leben
Kleine - Langlauf in der Kritik
Jung - Schweizer Waffenläufe

### Edition Leichtathletik

Bd. 1 Rahmentrainingsplan Grundlagentraining
Bd. 2 Aufbautraining-Sprint
Bd. 3 Aufbautraining-Lauf
Bd. 4 Aufbautraining-Sprung
Bd. 5 Aufbautraining-Wurf
Bd. 6 Aufbautraining-Mehrkampf
Bd. 7 Aufbautraining-Grundprinzipien
Bd. 8 Leichtathletik im Lebenslauf

### Gymnastik/Körperarbeit

Kirch - Handbuch Rock'n'Roll
Schwabowski - Rhythmische Sportgymnastik
Rosenberg - Handbuch Gymnastik und Tanz
Schmidt - Dehn- und Kräftigungsgymnastik
Schmidt - Rücken- und Rumpfgymnastik
Ott/Schmidt - Aquagymnastik
Blume - Akrobatik
Pieter/Heijmans - Taekwondo
Moegling - Handbuch Tai Chi Chuan
Polet-Kittler - Yoga
Polet-Kittler - Tips für Yoga
Jung - Gymnastik als Therapie
Unger - Handbuch Kraftsport und Bodybuilding

### Baseball

Niedlich - Handbuch Baseball
Voss - Regelheft Baseball

### Basketball

Neumann - Basketballtraining
Mikes - Handbuch Basketball
Sahre - Basketball spielnah und situationsgerecht

### Fußball

Kollath - Fußballtechnik in der Praxis
Sneyers - Fußballtraining
Bischops/Gerards - Handbuch Kinder- u. Jugendfußball
Bischops/Gerards - Tips Spiele m.d. Fußball

### Handball

Grage - Handballtraining

### Volleyball

Fraser - Volleyball
Hergenhahn/Neisel - Volleyball
Papageorgiou - Handbuch Volleyball
Papageorgiou - Handbuch Leistungsvolleyball
Papageorgiou - Handbuch Beach-Volleyball

### Tennis

Steinhöfel - Trainingsformen im Leistungstennis

### Tischtennis

Fellke/Östh - Nr. 1 im Tischtennis
Groß - Tips fürs Tischtennis
Hotz/Muster - Tischtennis

### Badminton

Lemke/Meseck - Handbuch Badminton

### Squash

Haymann/Meseck - Handbuch Squash

### Golf

Flanagan - Golf – Spiel mit Kopf

### Radsport

Brüggenj./Kürschner - Handb. Mountain-Biking
Heßler - Radsport in Schule und Verein
Schmidt - Handbuch Radsport